再好的緣份也經不起等待

馬一帥 著

目錄
CONTENTS

再好的緣份也經不起等待

■ 目錄 ■
CONTENTS

再好的緣份也經不起等待

■ 目錄 ■

CONTENTS

前言

你還在猶豫什麼？

網上一組漫畫異常火爆，就是一個很簡單的表達：

「想念誰——call」，「想見面——約」，「喜歡什麼——買」，「討厭什麼——說」。

……

最後總結出來，別總是膩膩歪歪，人生沒有那麼複雜。

當然，你會不屑，人生哪有那麼極端？

但是，人生可以有這麼利索，這麼簡單，只要你願意。

其實，大部分時間，你和其他人一樣，都是把空餘時間留著折磨自己。

折磨自己，是現代人的普遍感受，這很大程度上是因為追求完美。可是也許你已經發現，不管自己是多麼的努力，行為是多麼的自律，自我反省是多麼的深刻，都永遠達不到所有人的要求。

世界是這麼大，社會是這麼複雜，人的思想觀點是這麼的不同，要企求人人一致地贊同一件事，是難乎其難，甚至是不可能的。

每個人都會有個人的感覺，都會自己看世界。所以，不要試圖讓所有的人都對你滿意，否則你將永遠也得不到快樂。

如果你希望別人對你有信心，你就必須用令人信賴的方式表現自己。沒游過泳的人站在水邊，沒跳過傘的人站在機艙門口，都是越想越害怕，人處於不利境地時也是這樣。治療恐懼的辦法就是行動，毫不猶豫地去做。再有思想的人，也要有積極的行動——比如，喜歡，就表白，不愛，就列入黑名單。

對，就這麼簡單。

你還在害怕什麼？你還在猶豫什麼？

懼。

「如果……」「假如……」你會這樣想，這樣去猜測，這樣去預支一切對未來的恐

對不起，人生不可假設。在我們的生命裡，不存在「如果」這個問題，只有結果和後果，將「如果」改成「現在」，這才是最堅定的，也是最為明智的。

機會只有一次，生命沒有如果，錯過了就是錯過了，人生不會給任何人開小灶。

很多時候，我們的人生都被一個「等」字荒廢了：等將來，等不忙，等下次，等有時間，等有條件……等來等去，只等來一頭白髮。誰也無法預知未來，及時行動才是王道，否則，很多事情可能會一等就等成了永遠。

所以，不要再問成功的人那麼多，為什麼沒有你了。

……

本書送給在生活中猶豫糾結的你，願你放下所有的「如果」。願年長的人從中看到盛放，年輕的人從中看到未來，失望的人從中看到希望，快樂的人更加快樂。

[第一章]

我們都還年輕，別覺得自己過不好這一生

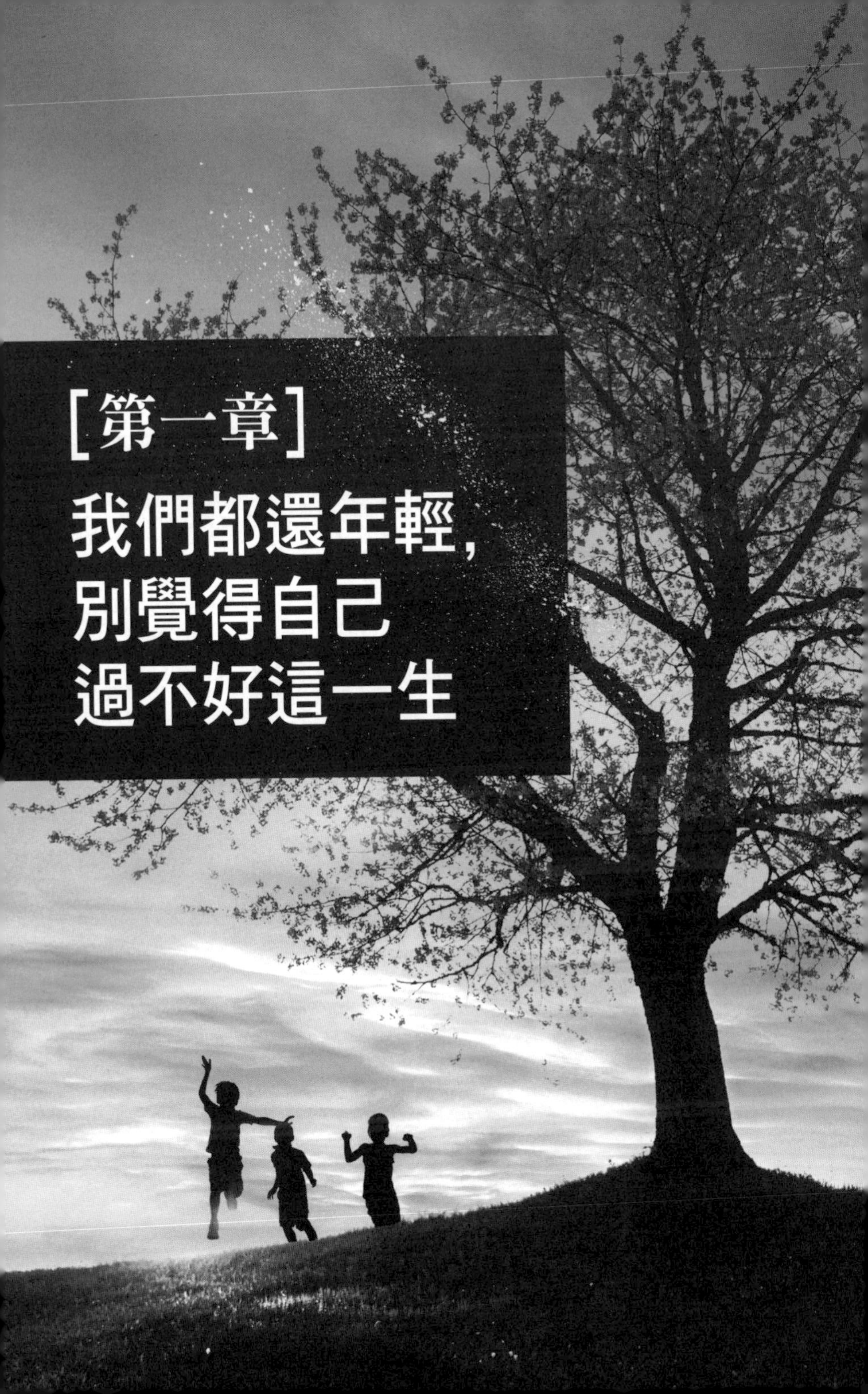

重要的不是擁有什麼，而是忍受了什麼

人生旅途中，總會遇到某些不得已的情況，也會感受到隨時而來的重壓。於是，我們開始懷疑最初的夢想，甚至容易迷失了方向。應該說，不確定性正是「青春」的底色，正是有了失去的缺憾、未曾擁有的不完美，以及對未來的迷茫，才構成了鮮活的人生。

一位智者說過，「重要的並非是你擁有了什麼，而在於你忍受了什麼。」能夠從挫折中忍受失意，並逆勢而上的人才有未來；對過去妥善處置的人，會以積極的心態面對明天，因此都值得學習。

一九二〇年，美國田納西州的一個小鎮上有個小女孩出生了，她是一個私生子，媽媽只給她取了個小名，叫小芳。小芳漸漸長大之後，慢慢懂事了，發現自己與其他孩子不一樣：沒有爸爸。

很多人都對她投來歧視的目光，小夥伴們都不願意跟她玩。對於這些，她不知道為什麼，她感到很迷茫。她雖然是無辜的，但世俗卻是很嚴酷的。每個人都很清楚，在人的一生中，可以有很多選擇，但是任何人都不能選擇自己的父母。

而小芳連自己的父親是誰都不知道，只跟媽媽一起生活。

上學後，老師和同學還是以那種冰冷、鄙夷的眼光看她，認為她是一個沒有父親的孩子，一個沒有教養的孩子，一個不好的家庭的孽種。在別人的心理暗示下，她變得越來越懦弱，自我封閉，逃避現實，不願與人接觸，越來越孤獨……

在小芳幼小的心靈中，最害怕的事情就是跟媽媽一起到鎮上的集市去——她總能感到有人在背後指指點點，竊竊私語：「就是她，那個沒有父親、沒有教養的孩子！」

十三歲那年，鎮上來了一位牧師，從此她的一生便改變了……

別的孩子一到禮拜天，便跟著自己的父母，手牽手地走進教堂，她很羨慕，無數次躲在教堂的遠處，看著鎮上的人與高采烈地從教堂裡出來，而她只能通過聆聽教堂莊嚴神聖的鐘聲和偷看人們臉上高興的神情去想像教堂裡的神奇……

有一天，她鼓起了勇氣，等別人都進入教堂以後，偷偷地溜了進去，躲在後排凝神傾聽。

牧師講：「失敗的人不要氣餒，成功的人也不要驕傲。成功和失敗都不是最終結果，只是人生過程的一個事件，一段經歷。在我們這個世界上，不會有永恆成功的人，也沒有永遠失敗的人。」

小芳被牧師的話深深震撼了，感到一股暖流在衝擊著她冷漠、孤寂的心靈。但是她馬上提醒自己：「我必須馬上離開，趁別人還沒發現的時候，趕快走。」

有了第一次，就有了第二次、第三次、第四次、第五次。在她的心靈深處，這就是自己最喜歡做的事情。但是每次她都是偷聽，幾句激動人心的話很難阻止別人的冷眼對她的襲擊：因為她懦弱、膽怯、自卑，認為自己沒有資格進教堂……她認為自己跟別人不一樣。

量的積累最終引起了質的變化：有一次，她聽入迷了，忘記了時間，忘記了自卑和膽怯，直到教堂的鐘聲清脆地敲響，她才驚醒過來，可是已經來不及搶先「逃」走了。

先離開的人們堵住了她的去路，她只得低頭尾隨人群，慢慢朝門外移動……突然，一隻手搭在她的肩上，她驚惶地順著這隻手臂望上去，此人正是牧師。

牧師溫和地問：「你是誰家的孩子？」

這是她十多年來最害怕聽到的話。這句話就像一支通紅的烙鐵，直直地戳在小芳幼小的心靈上。牧師的聲音雖不大，卻具有很強的穿透力，人們停止了走動，幾百雙眼睛一齊注視著小芳，教堂裡安靜得連根針掉在地上都聽得見。

小芳被這突如其來的狀況驚呆了，她不知所措，眼裡噙著快要掉下的淚水。

這時牧師的臉上立即浮起慈祥的笑容，說：「噢——我知道了，我已經知道你是誰家的孩子了——你是上帝的孩子。」

他撫摸著小芳的頭，發表了一篇簡短的演說：

「這裡所有的人和你一樣，都是上帝的孩子！過去不等於未來——不論你過去多麼不幸，這都不重要。重要的是，你對未來必須充滿希望。現在就做出決定，做你想做的人。孩子，人生最重要的不是你從哪裡來，而是你要到哪裡去。只要你對未來充滿希望，你現在就會充滿力量。」

「不論你過去怎樣，那都已經過去了。只要你調整心態、明確目標，樂觀積極地去行動，那麼成功就是你的。」

牧師話音一落，教堂裡頓時就爆發出熱烈的掌聲——這些上帝的孩子們沒有說一句話，掌聲就是理解，就是歉意，就是承認，就是歡迎！

整整十三年了，壓抑在小芳心靈上的陳年冰封被「博愛」瞬間融化……她終於抑制不住內心的情感，眼淚奪眶而出。

小芳的心態從此發生了巨大的變化：

四十歲那年，她當選美國田納西州州長；屆滿卸任之後，棄政從商，成為世界五百家最大企業之一的公司總裁，成為全球赫赫有名的成功人物。

六十七歲時，她出版了自己的回憶錄《攀越巔峰》，在書的扉頁上寫下了這樣一句話：過去不等於未來！

沒錯，這世間所發生的一切事情都會過去，一切幸運，亦或是遭遇，無一可逃脫「會過去」這一客觀存在的事實。年輕貌美的女孩，也會老去；家財萬貫的富豪，也會死去；受過災難的家園，也會重建。一切發生了的，都會過去。所以，無論我們遇到什麼事，碰到什麼樣的人，經歷了一段怎樣的人生，我們都應該平靜面對，好的壞的，都是暫時的，我們只有堅強，樂觀面對，才會在任何環境中快樂生存。

過去或未來，都離現在太遠了

人生總有得意與失意，就像晴天或陰天，不過是一種自然的常態。一個人的處世態度、生存智慧如何，往往能從中一窺究竟。面對過去的不幸，沒有失意；面對未來的不確定，也無憂慮，這份從容順應了世道人心的變化，因此彌足珍貴。

過去或未來，都離現實的生活甚遠，不如把握好當下，減少不必要的憂慮，多一分輕鬆自在。須知，「過去」已經成為歷史，如果不能放下，就無法過好現在的生活。看看那些糾纏於過去的人，大多沒有好心情。而未來的事情尚未發生，何必向他人傾訴自己的不安呢？內心從容的人，永遠沒有苦痛。

伊莉莎白是丹麥哥本哈根大學的一名學生，有一年暑假，她去華盛頓觀光。伊莉莎白到達華盛頓，在魏拉德旅館登了記，住進了房間。可是，當她準備就寢時，發現錢包不見了。錢包裡裝有護照和現款。她跑到樓下的旅館前台，向經理說明了情況。「我們盡一切努力幫助你。」經理說。

第二天早晨，錢包仍然下落不明。伊莉莎白的衣袋裡只有不到兩元的零錢。現在，她孑然一身，飄泊異邦，怎麼辦呢？打電報給芝加哥的朋友，告訴她們所發生的事嗎？到警察局坐等消息嗎？突然間，她說：「不！我不願做任何無意義的事情！我要參觀華盛頓。我可能再不會到這兒來了。我在這個偉大國家的首都裡只能待上寶貴的一天。畢竟，我還有去芝加哥的機票，還有許多時間解決現款和護照問題。如果我現在不去參觀華盛頓，我就不會再有這樣的機會了。」

「現在應當是愉快的時候。」

「現在的我和失去錢包前的我應是同一個人，而那時我很愉快。」

「我應該愉快地過好今天。」

於是，她步行出發了。她看到了白宮和國會大廈，參觀了一些恢宏的博物館，她爬上了華盛頓紀念碑的頂端。雖然不能到華盛頓郊區以及她計畫中的其他地方去，但凡是她到過的地方，她都看得很仔細，心裡很興奮。

回到丹麥後，她回憶起這段美國的旅程，總是很開心。因為她覺得，她沒有因為錢包被偷而沮喪，失去一天的美好時光。事實上，在她回國五天後，華盛頓警察局幫她找回了錢包，物歸原主。

生活中有許多快樂，也有不少煩惱。與其沮喪地面對不圓滿的人生，不如從容應對。尤其是想到過去的不幸，面對未來的擔憂，不妨保持一份淡然的心態，努力向生活微笑。從容是一種姿態，懂得從容的人會少一點憂慮，多一點希望；少一點牢騷，多一點勇氣；少一點憎惡，多一分熱愛。

人生是一個大舞台，沒有人永遠在台上，也沒有人永遠在台下，任何人都有上場的機會，也有退場的時刻。因此，按照時序把握好生命中的每一刻，是最明智的選擇。比如，當你享受名利的時候，成為眾人羨慕的對象，這時候需要扮演好自己的角色，盡自己的責任；而當人生不如意的時候，就要過好凡人的生活，不必為失去什麼感歎，從容應對人生際遇的轉換。

沒人扶的時候，自己要站直

意志是完全屬於每個人心靈深處的東西。人生道路選擇的正確與否，取決於你是否有堅定的信念，能否掌控自己的情緒和選擇。有自控力的人，不會被積久的習慣和物欲誘惑，而是成為它們的主人，決定自己的人生進程。

事實上，一個人最大的敵人不是別人，而是自己。具體來說，我們常常受到內心欲望的困擾，表現為不能控制自己，結果使自己的思想和行為出現種種偏差。比如，對過去念念不忘，對未來憂心忡忡，都是缺乏控制力的表現。因此，在意志上強大起來，懂得掌控自己的內心，才能做最好的自己。

在美國的一座山丘上，有一間完全以自然物質搭建而成的房子，裡面的人需要由人工灌注氧氣，並只能以傳真與外界聯絡。

住在這間房子裡的主人叫辛蒂。一九八五年，辛蒂在醫科大學念書，有一次到山上散步，帶回一些蚜蟲。她拿起殺蟲劑滅蚜蟲，自己的肢體卻感覺到一陣強烈的痙攣。原以為那只是暫時性的症狀，不料自己的後半生就此毀於一旦，殺蟲劑內含的化學物質使辛蒂的免疫系統遭到嚴重破壞。從此，她對香水、洗髮水及日常生活接觸的化學物質一律過敏，連空氣也可能使她支氣管發炎。這種「多重化學物質過敏症」是一種慢性病，目前無藥可醫。

患病頭幾年，辛蒂睡覺時口水流淌，尿液變成了綠色，汗水與其他排泄物還會刺激背部，形成疤痕。這一災難給辛蒂帶來的痛苦是令人難以想像的。一九八九年，辛蒂的丈夫吉姆用鋼與玻璃為她蓋了一個無毒的空間，一個足以逃避所有威脅的「世外桃源」。辛蒂所有吃的、喝的都經過選擇與處理，她平時只能喝蒸餾水，食物中不能有任何導致過敏的化學成分。十多年來，辛蒂沒有見到一棵花草，聽不見悠揚的聲音，感覺不到陽光、流水。她躲在無任何飾物的小屋裡，飽嘗孤獨，卻連大哭一場都不行，因為她的眼淚跟汗一樣，可能成為威脅自己的毒素。

而堅強的辛蒂並沒有在痛苦中自暴自棄，她不僅為自己，也為所有化學污染物的犧牲者爭取權益。一九八六年，辛蒂創立了「環境接觸研究網」，致力於對此類病變的研究。一九九四年，她再與另一組織合作，創立了「化學傷害資訊網」，使更多的人們免受威脅。現在，這一「資訊網」已有來自三十多個國家的五千多名會員，不僅發行刊物，還得到美國上議院、歐盟及聯合國支持。

古往今來，成就非凡事業的人除了有膽略、善於籌畫之外，還在於他們有一顆強大的內心，並能持之以恆地行動。當一個人能夠掌控自己的意志，並按照預期做事時，他就能在行動上完成自我構劃，開啟成功的旅程。

在美國，曾經有這樣一位年輕人：

他是名大學生，每逢學校過禮拜或放假，他都得趕到他父親開設的工廠去上班。他用打工的工資去償還父母為他墊付的學費和生活費。在廠裡，他跟其他工人一樣，排隊打卡上下班，月底就憑卡片和車間給他評定的品質分和工件的數量與廠裡結算工資。

當他終於熬到了大學畢業，他想他可以接管父親的公司了，可他的父親不但不讓他接管公司，而且對他在生活上更加苛刻。他想不明白，他的父親是一家公司的董事長，他家並不缺錢花，並且還經常捐錢給福利院，可就是捨不得給他一分錢，連生活費也得定期向父親索要。而且，他終於被父親「逼」出了家門。他恨恨地想，他肯定不是自己的親生父親，要不然怎麼會這樣對待他呢？

他想去銀行貸款做生意，可父親堅決不給他擔保，沒有擔保人，他就無法向銀行貸到一分錢。於是他只得去給別人打工，因初出茅廬，未能適應複雜的人際關係，沒多久他就被人擠出了公司。失業後，他將打工積累的一點資金用來開了家小店。生意不錯，小店慢慢地變成了小公司，小公司又變成了大公司。

令他萬分痛心的是，公司最終因為經營管理上的問題而倒閉了。他想到了跳樓，但他實在不甘心就這樣離開人世。他認真地思索了自己的過去，思索自己在打工和經商中為什麼失敗。他總結了自己的種種教訓，咬緊牙關，決心挺起胸膛從頭再來。

然而，他的父親這時出人意料地找到他，張開雙臂緊緊地擁抱了他，宣佈讓他來接管自己的公司。對於父親的決定他非常不解，他說，我現在一無所有是個失敗的人，你為什麼還要我接管你的公司呢？他的父親說，不，孩子，你雖然跟幾年前一樣，依然沒擁有金錢，但你擁有了一段可貴的經歷，這段經歷對你來說既是一場苦難的磨練，也是經驗的積累。如果我前幾年就將公司交給你，很難說你會經營管理得好，也可能遲早會失去這家公司而變得一無所有。可是，現在你擁有了這段經歷，你會珍惜這家公司，會把它管好，而且還會讓它不斷發展壯大。

果然，他不負父親的厚望，經過不懈努力，將這家規模不大的公司發展成了令世界矚目的大公司。他就是伯克希爾公司總裁，有著「美國股神」稱號的沃倫・巴菲特。沃倫・巴菲特現在擁有三百五十多億美元資產，僅次於比爾・蓋茨，是個真正的富翁。

大海是有深度的，然而許多人只看到了海邊的波浪，而沒有注意到它暗流洶湧的一面。人生何嘗不是如此？在生活中像大海那樣厚重，學會掌控局面，才能承載更多。如果遇到一點不稱心的事就大發脾氣，面對名利的誘惑總是躍躍欲試，只能讓自己增添無窮的煩惱。每個人都有七情六欲，在強大的意志作用下克制自己的言行，才能正確做事。

意志，如果不考慮人生方向問題，那它就只不過是持之以恆、堅持不懈和不屈不撓的同義語。但是，顯而易見，任何事情都有賴於正確的方向和良好的動機。如果一個人追求的方向是感官的快樂，那麼，堅強的意志可能是可怕的惡魔，而聰明的才智只不過是它下賤的奴僕。但是，如果一個人追求的是真善美，那麼，堅強的意志就是造福人類的君王，而聰明才智才是人類最高財富的侍臣。

對每個人來說，命運就如同一根被拋入水中的稻草，許多時候往往無法選擇。但是，生存的智慧在於，你可以訓練自己的意志力，成為身懷絕技、本領高強的弄潮者，有能力乘風破浪，勇立潮頭，並在很大程度上自己掌握航向。

因此，所謂的痛苦，不過是你消極選擇的結果。對一個意志堅定的人來說，他會轉變航向，朝著積極的方向前行，去追尋屬於自己的幸福。而面對未來的憂慮，意志堅定的人會制定具體目標，踏踏實實讓夢想成真，觸摸偉大的願景。這樣看來，世界上本沒有憂慮的事情，也沒有不可掌控的人生，一切全在自己的努力與意念。

你不是上帝，怎能操縱世界？

思慮太多，反而會擾亂了心性。減輕煩惱的重要方法是不去想太多，更不能想當然，增加無謂的糾結。

自古以來，人類就有很多錯覺，如果不用理智來精細推測，用寬廣的胸懷來包容，往往就會被表面現象所迷惑，甚至連哲學家也不例外。亞里斯多德就曾經認為重的物體比輕的物體落地快，後來伽利略的斜塔試驗證明他是錯的。

於是，我們知道了：事情往往不是你想像的那樣。一百個人眼裡有一百個哈姆雷特。同樣，同一件事情，在不同的人看來，就有不同的結果，因為每個人看待事物時，都會或多或少地戴上有色眼鏡，用自己的好惡、經驗和標準來進行評判，結果就是往往看到了事情的假像。

兩個旅行中的天使到一個富有的家庭借宿。這家人對他們並不友好，並且拒絕讓他們在舒適的客人臥室過夜，而是在冰冷的地下室給他們找了一個角落。當他們鋪床時，較老的天使發現牆上有一個洞，就順手把它修補好了。年輕的天使問為什麼，老天使答道：「有些事並不像它看上去那樣。」

第二晚，兩人又到了一個非常貧窮的農家借宿。主人夫婦倆對他們非常熱情，把僅有的一點點食物拿出來款待客人，然後又讓出自己的床鋪給兩個天使。第二天一早，兩個天使發現農夫和他的妻子在哭泣，他們唯一的生活來源——一頭奶牛死了。年輕的天使非常憤怒，他質問老天使為什麼會這樣，第一個家庭什麼都有，老天使還幫助他們修補牆洞，第二個家庭儘管如此貧窮還是熱情款待客人，而老天使卻沒有阻止奶牛的死亡。

「有些事並不像它看上去那樣。」老天使答道，「當我們在地下室過夜時，我從牆洞看到牆裡面堆滿了金塊。因為主人被貪欲所迷惑，不願意分享他的財富，所以我把牆洞填上了。昨天晚上，死亡之神來召喚農夫的妻子，我讓奶牛代替了她。所以有些事並不像它看上去那樣。」

是啊，我們常常被眼前的表像迷惑了雙眼，作出錯誤的判斷。比如，過去遭遇的挫折只是成長路上的一種磨礪，是必不可少的一種訓練，但是有的人想不通，始終無法從失敗中振作起來，乃至喪失了應有的自信。這與年輕天使的判斷有什麼區別呢？

一天，一個盲人帶著他的導盲犬過街時，一輛大卡車失去控制，直衝過來，盲人當場被撞死，他的導盲犬為了守衛主人，也一起慘死在車輪底下。

主人和狗一起到了天堂門前。一個天使攔住他倆，為難地說：「對不起，現在天堂只剩下一個名額，你們兩個中必須有一個去地獄。」

主人一聽，連忙問：「我的狗又不知道什麼是天堂，什麼是地獄，能不能讓我來決定誰去天堂呢？」

天使鄙視地看了這個主人一眼，皺起了眉頭，想了想，說：「很抱歉，先生，每一個靈魂都是平等的，你們要通過比賽決定由誰上天堂。」

主人失望地問：「哦，什麼比賽呢？」

天使說：「這個比賽很簡單，就是賽跑，從這裡跑到天堂的大門，誰先到達目的地，誰就可以上天堂。不過，你也別擔心，因為你已經死了，所以不再是瞎子，而且靈魂的速度跟肉體無關，越單純善良的人速度越快。」

主人想了想，同意了。天使讓主人和狗準備好，就宣佈賽跑開始。他以為主人為了進天堂，會拚命往前奔，誰知道主人一點也不忙，慢吞吞地往前走著。更令天使吃驚的是，那條導盲犬也沒有奔跑，牠配合著主人的步調在旁邊慢慢跟著，一步都不肯離開主人。天使恍然大悟：原來，多年來這條導育犬已經養成了習慣，永遠跟著主人行動，在主人的前方守護著他。可惡的主人，正是利用了這一點，才胸有成竹，穩操勝券，他只要在天堂門口叫他的狗停下就可以了。

天使看著這條忠心耿耿的狗，心裡很難過，大聲對狗說：「你已經為主人獻出了生命，現在，你這個主人不再是瞎子，你也不用領著他走路了，你快跑進天堂吧！」

可是，無論是主人還是他的狗，都像是沒有聽到天使的話一樣，仍然慢吞吞地往前走。果然，離終點還有幾步的時候，主人發出一聲口令，狗聽話地坐下了，天使用鄙視的眼神看著主人。這時，主人笑了，他扭過頭對天使說：「我終於把我的狗送到天堂了，我最擔心的就是牠根本不想上天堂，只想跟我在一起……所以我才想幫牠決定，請你照顧好牠。」天使愣住了。主人留戀地看著自己的狗，又說：「能夠用比賽的方式決定真是太好了，只要我再讓牠往前走幾步，牠就可以上天堂了。不過牠陪伴了我那麼多年，這是我第一次可以用自己的眼睛看著牠，所以我忍不住想要慢慢地走，多看牠一會兒。如果可以的話，我真希望永遠看著牠走下去。不過天堂到了，那才是牠該去的地方，請你照顧好牠。」說完這些話，主人向狗發出了前進的命令，就在狗到達終點的一剎那，主人像一片羽毛似的落向了地獄的方向。他的狗見了，急忙掉轉頭，追著主人狂奔。滿心懊悔的天使張開翅膀追過去，想要抓住導盲犬，不過那是世界上最純潔善良的靈魂，速度遠比天使快。所以導盲犬又跟主人在一起了，即使是在地獄，導盲犬也永遠守護著牠的主人。

天使久久地站在那裡，喃喃說道：「我一開始就錯了，這兩個靈魂是一體的，他們不能被分開……」

眼見不一定為實，有時候，我們連自己都不能相信。因為眼睛看到的只是最表面的東西，它代表的不一定就是真相。

眼睛看到的、耳朵聽到的加上腦子裡想出來的東西，不一定就是事情的真相。有很多事情並不是我們想像的那樣，世上有太多的假像，我們雖然不能做到事事通透明白，但至少可以做到「凡事多思考，多問幾個為什麼」，只有這樣，我們才能不被假像蒙蔽，造成不必要的誤會。

下雨了，並不影響彩虹的美麗

在每個人的生活中，或多或少都有無奈的人和事，讓人糾結不已。錯過是無奈，失去是無奈，後悔是無奈，思念是無奈，生死離別也是無奈……這些讓人無計可施的現實，挫傷人的積極性，消磨人的意志，擾亂了心神。

比如，那些無奈的痛苦，或許不如傷痛來得直接，但卻是深刻的，讓人無法忘記。又比如，你奮鬥了許久，卻發現一切只是蚍蜉撼樹——徒勞無功。這種種無奈讓人久久不能釋懷，甚至難免令人對自身產生懷疑，發現我們並不能左右和駕馭世界上的一切事物。的確，我們並不能阻止人生中的有些無奈，但我們絕對有能力去無視這些無奈，進而創造屬於自己的精彩人生。沒有哪個人的生活總是充滿鮮花和掌聲，也沒有哪個事業總是一帆風順。既然不能左右一切，那就看淡一切，盡人事，聽天命，這樣才能讓生命承受重負的同時，活出自己的精彩。

美國女孩泰咪卡・凱金斯天生聽覺受損。在她三歲的時候，父母帶她配了一副大而笨重的助聽器。但是凱金斯對自己的助聽器並不喜歡。上小學以後，她的同學也經常會因為她的助聽器而嘲笑她。這讓凱金斯更加討厭佩戴助聽器。

有一天，凱金斯的母親和耳科醫生到學校來找她，當老師把凱金斯叫到教室外面的時候，她感覺到全班的眼睛都在盯著她，甚至有同學「哧哧」地笑，這讓凱金斯感到非常難過。

當天下午，凱金斯和她的姐姐一起走在放學的路上，在路過一片荒野時，凱金斯突然扯下自己的助聽器並狠狠地把它扔進了野地裡。姐姐生氣地質問她為什麼要這麼做，凱金斯只是聳了聳肩說：「天知道。」

回到家裡，當母親得知這件事後非常氣憤，她命令凱金斯去把助聽器找回來。凱金斯也為自己的行為感到有些羞愧，回到荒野去尋找被自己扔掉的助聽器，但是直到天黑也沒有找到。

晚上，父親把凱金斯叫到跟前，鄭重地對她說：「今天，你做了一個重大的選擇，你要為你的選擇負責，以後你還會面臨各種選擇，你必須要按照自己的選擇生活。」看凱金斯沒聽明白，父親接著解釋說：「你今天扔了助聽器，以後就不用戴了。雖然沒有了它，但你依然必須要照顧好自己的生活。」凱金斯聽完，對父親點了點頭，並暗下決心一定要像正常人一樣生活。

丟開助聽器後的凱金斯發現自己很擅長唇讀。而且，因為沒有了刺眼的助聽器，凱金斯看起來跟其他人沒什麼兩樣，也沒有同學再取笑她了。上中學時，凱金斯逐漸愛上了籃球，高中的時候，她打籃球的水準就已經超過了大部分的同齡人，當她在籃球場上奔跑時，她發現自己得到的已經遠遠超過了自己所希望的。父親告訴她，這是她自己掌握自己的人生所得到的結果。

凱金斯曾笑著對別人說：「當你在比賽中準確地投進三分球時，沒有人會介意你的聽力是好還是壞。」

後來，凱金斯順利地進入了征戰倫敦奧運會的美國女籃代表隊。在賽前接受記者採訪時，凱金斯說：「我會在倫敦奧運會上把自己最好的水準展現出來，等比賽結束後，我希望能跟像我一樣有聽力障礙的孩子分享我的經歷和感受。」同時，凱金斯表示，自己不會鼓勵孩子們扔掉助聽器。她想要告訴孩子們的是：「每個人都是獨一無二的，只要自己能夠把握好自己，美好的事情終將發生。」

上帝關上一扇門，常會開啟另一扇門，我們不能因為一時找不到路而失去信心和希望。前進的路有很多條，當你實在無法前進的時候，反過來想一想，為什麼不換一條路呢？另一條路的風景也許更迷人。可見，面對無奈的人和事，不必耿耿於懷，也不必恐懼不明朗的未來。每天堅定地告訴自己：「這些都不算什麼，咬咬牙就能克服掉了，就能收穫生命的精彩！」那麼，一切都會改觀。

或許是命運對他的捉弄，一生下來，他就註定要成為一個失敗者。一九三四年，他出生在加拿大魁北克省沙威尼根鎮的一個平民之家。當時，他是家裡的第十八個孩子。他的父親是當地一個普通工人，因而家庭經濟狀況相當拮据。不僅如此，他還有先天性的生理缺陷，左臉偏癱，左耳失聰，講話和微笑時嘴角歪向一邊。因而經常被小夥伴們嘲弄。

因為先天的生理缺陷，使得他原本快樂的童年時光，卻如同地獄一般昏暗和難熬。可以說，他從來沒有體會到生命中的陽光和美好。他從童年到少年，一度過著放縱的生活。他經常曠課，不寫作業，大鬧課堂，還頂撞老師，因而先後被四所學校開除，加上他喜歡打架，所以成了當地有名的「街頭打仔」。

在他看來，自己天生就是一個不受人喜愛的人，他拚命地報復著這個世界。在這樣的情況下，他的老師，以及他身邊的很多人都斷定，他真的是沒救了。唯一例外的是他的母親，母親沒有放棄他，她說：「孩子，你應該看得長遠些，如果你再這樣下去，將來你註定永遠遭受厄運。每一個成功的人，都不是那麼完美，其實，你的路很寬廣。」他從母親的眼裡，讀到了期盼和信任。從那時候起，他才發現，並非每一個成功的人，天生就是那麼的完美。他從很多成功人士身上發現，要想成為一個卓越的人，一定得有過人的口才。

於是，他決心苦練口才，為了矯正自己的口吃，他模仿一位有名的演說家，嘴裡含著小石子講話。看著嘴唇和舌頭都被石子磨爛的兒子，母親心疼地流著眼淚說：「不要練了，媽媽一輩子陪著你。」懂事的他替媽媽擦著眼淚說：「媽媽，書上說，每一隻漂亮的蝴蝶，都是自己衝破束縛牠的繭之後才變成的，如果別人把繭剪開一道口，那變成的蝴蝶是不美麗的，我要做一隻美麗的蝴蝶。」媽媽被他的話感動了。後來，他能流利地講話了，學習上也開始嚴格自律。中學畢業時，他取得了優異的成績，他周圍的人，沒有誰會嘲笑他，有的只是對他的敬佩和尊重。

一九六三年，憑著自己的口才和才華，他當選加拿大眾議員，首次步入政壇。在一九九三年十月，博學多才的他參加總理競選，他的對手居心叵測地利用電視廣告誇張他的臉部缺陷，然後寫上這樣的廣告詞：「你要這樣的人來當你的總理嗎？」面對這種極不道德的、帶有人格侮辱的攻擊，他機智而巧妙地予以了回擊。當他的成長經歷被人們知道後。他贏得了極大的同情和尊敬。

他在演說中講道：「我要帶領國家和人民成為一隻美麗的蝴蝶。」這成了他最響亮的競選口號。最終，他高票當選為總理，並在這個位子上坐了整整十年，是西方世界擔任政府首腦時間最長的政治領袖，因而被譽為歐美政壇常青樹。他，就是加拿大第一位連任兩屆的「蝴蝶總理」——讓・克雷蒂安。

每當克雷蒂安回憶自己命運的蛻變，他總是這樣感歎：「每當我們對自己的人生失望和沮喪時，總會在這條路上埋著頭一直走，我們認為再也走不出新的天地來。其實，每條路的旁邊，都是路。我們完全不必沿著那條死胡同走厭、走煩、走絕。」

其實，生命中的無奈，恰恰是幸福的背景。如果沒有黑夜，我們就無法看到漫天的星辰；沒有離別的傷痛，就沒有相逢的喜悅。在無奈之餘，你可以發現其他值得珍視的東西，只要換個角度去看待，就能收穫喜悅與欣慰。

為了實現成功的夢想，必須付出失敗的代價

從每一次失敗中，我們可以瞭解自身存在的不足之處。如果換一個角度來看待失敗，那麼你會發現每一次的失敗都是一個超越自我的契機。

日本企業家本田先生說：「很多人都夢想成功，但實際上，為了實現成功的夢想，是需要付出失敗的代價的，只有經過多次的失敗和反思，才能獲得成功。」

有一天，森林之王老虎來到了天神面前說：「我很感謝您賜給我如此強健的體格、強大的力氣，讓我有能力統治整個森林。」

天神聽了，微笑地問：「這不是你今天來找我的目的吧？看起來你似乎為了某種事而困擾呢！」

老虎輕輕吼了一聲，說：「天神真是瞭解我啊！我今天來的確是有事相

求，每天清晨，我總是會被雞鳴聲給叫醒。神啊！祈求您再賜給我一種力量，讓我不再被雞鳴叫醒吧！」

天神笑道：「你去找大象吧，牠會給你一個滿意的答覆。」

老虎興沖沖的跑到湖邊找大象，還沒見到大象，就聽到大象跺腳所發出來的「砰砰」響聲。

老虎問大象：「你幹嘛發這麼大的脾氣？」

大象拚命搖晃著大耳朵，吼著：「有隻討厭的小蚊子總想鑽進我的耳朵裡，害我都快癢死了。」

老虎離開了大象，暗自想著：「原來體形這麼大的大象，還會怕那麼瘦小的蚊子，那我有什麼好抱怨的呢？畢竟雞鳴也不過一天一次，而蚊子卻是無時無刻不騷擾著大象呢。這樣想來，我可比牠幸運多了。」

老虎回頭看著仍在跺腳的大象，心想：「天神要我來找大象，應該就是想要告訴我，誰都會遇上麻煩事，而他無法幫助所有人。既然如此，那我只有靠自己了！反正以後只要雞鳴時，我就當作是雞在提醒我該起床了，如此一來，雞鳴聲對我還是有益的啊！」

老虎的故事告訴我們每個困境都有其存在的價值。在做事的過程中，我們應該借鑒一下老虎的思維。雞鳴聲雖然令老慮感到困擾，但換個角度看，雞鳴聲也是一種鞭策牠的力量，可以提醒老虎每天勤奮早起。其實失敗對於人，就像雞鳴聲對於老虎一樣。困境會讓人嘗盡苦頭，遭受打擊；但也可以使人成長。因此，要讓困境變成一種對自己的考驗，學會在困境中抓住機會。在失去一些東西同時，我們眼前也可能出現一片更廣闊的天地，得到的也許會比失去的還多。

無論我們是誰，做著什麼樣的工作，都是在失敗中成長起來的。一個人經歷的失敗越多，進步就越大，這是因為能從中學到許多經驗。美國考皮爾公司的前總裁比倫曾說：「若你在一年不曾失敗過，那麼你就未勇於嘗試抓住各種應該把握的機會。」

大家都知道小澤征爾先生，他是全日本足以向世界誇耀的國際大音樂家、名指揮家。

然而，他之所以能夠擁有今天名指揮家的地位，乃是參加貝桑松音樂節的「國際指揮比賽」帶來的。在這之前，他不只與世界無關，即使在日本，也是名不見經傳。

他決心參加貝桑松的音樂比賽，來個一鳴驚人。克服了重重困難，他終於充滿信心地來到歐洲。但一到當地後，就有莫大的難關在等待他。他首先要辦的是參加音樂比賽的手續，但證件竟然不夠齊全，不為音樂節執行委員會正式受理，這麼一來，他就無法參加期待已久的音樂節了！

首先，他來到日本大使館，說明事情的原委，然後請求幫助。可是，日本大使館無法解決這個問題，正在束手無策時，他突然想起朋友告訴過他，美國大使館有音樂部，凡是喜歡音樂的人，都可以參加。他立刻趕到美國大使館。這裡的負責人是位女性，名為卡莎夫人，過去她曾在紐約的某樂團擔任小提琴手。他將事情的本末向她說明，拜託對方，想辦法讓他參加音樂比賽，但她面有難色地表示：「雖然我也是音樂家出身，但美國大使館不得越權干預音樂節。」

她的理由很明白。但他仍執拗地懇求她。表情原本僵硬的她，逐漸浮現笑容。思考了一會兒，卡莎夫人問了他一個問題：「你是個優秀的音樂家嗎？或者是個不怎麼優秀的音樂家？」

他刻不容緩地回答：「當然，我自認是個優秀的音樂家，我是說將來可能……」他這句充滿自信的話，讓卡莎夫人的手立時伸向電話。她聯絡貝桑松國際音樂節的執行委員會，拜託他們准許他參加音樂比賽。結果，執行委員會回答，兩周後做最後決定，請他們等待答覆。此時，他心中便有一絲希望，心想，若是還不行，就只好放棄了。

兩星期後，他收到美國大使館的答覆，告知他已獲准參加音樂比賽。這表明，他可以正式地參加貝桑松國際音樂指揮比賽了！參加比賽的人，總共六十位，他很順利地通過了預選，終於進入正式決賽，此時他想：「好吧！既然我差一點就被逐出比賽，現在就算不入選也無所謂了！不過，為了不讓自己後悔，我一定要努力。」

後來他終於獲得了冠軍。

小澤征爾在成名前遇到了一些困難，如果他退縮、害怕失敗，那麼就不會獲得後來的成就。只有努力把握機會，才有可能擁有一個成功而沒有遺憾的人生。

失敗可以磨煉人的意志，增強一個人的毅力。如果把挫折僅僅看成一種失敗、一種災難，那麼你一遇到挫折就會陷入焦慮、憂愁、痛苦中而無法自拔。害怕失敗、在困難面前退縮的人會失去磨煉意志的契機，進而也失去成功的機會。

生活中強者總是能坦然地面對失敗，冷靜地分析原因，以樂觀向上的態度、堅定不移的信心以及百折不撓的精神去努力、去奮進，進而讓自己邁向更高的台階。

[第二章]

聆聽花開的聲音，而不是追求浮華的幻影

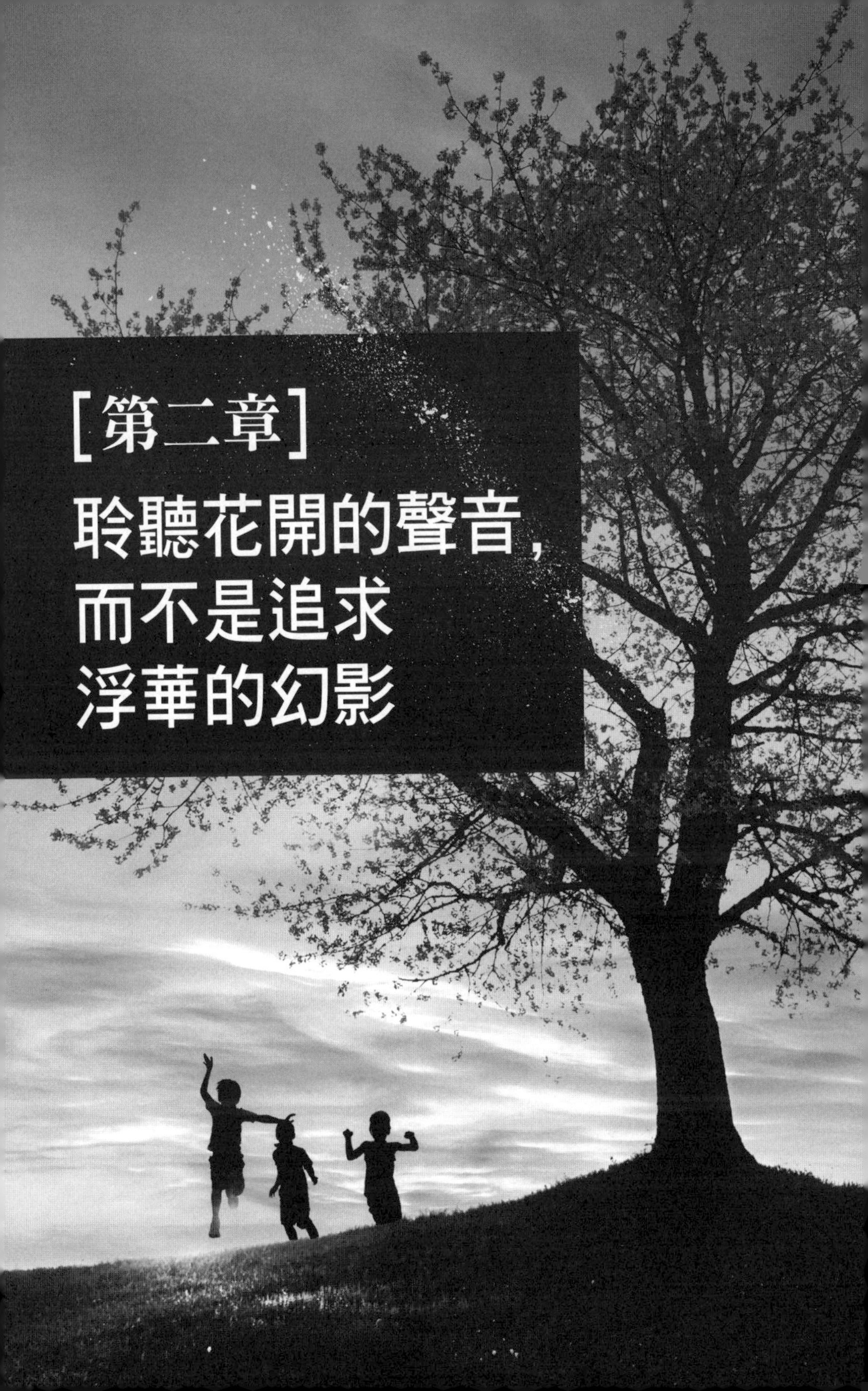

春天看花，冬天看雪

人生最大的悲劇不是失去，而是在失去的悔恨中荒廢了當下。正如《大話西遊》中那段為人所熟知的經典台詞，「曾經有一份真摯的感情放在我面前，我沒有珍惜。等我失去的時候才後悔莫及，人世間最痛苦的事莫過於此。」許多事情從來沒有彩排，也沒有後悔藥，一旦留下了遺憾，便只能抱憾終生，與其等到將來後悔，不如現在就開始把握當下。

珍惜眼前，你會發現當下的一切才是最真實的。昨天已經成為歷史，註定無法改變，又何必去留念？明天還未到來，也大可不必為還沒有發生的事情恐慌。最重要的是把握好當下，因為真正值得我們珍惜的是現在的生活，唯有如此才能享受人生的樂趣。

印度有一位知名的哲學家，高大帥氣、氣質高雅，因此受到當地很多女孩子們的崇拜與追求。

一天，一位當地的名門閨秀前來拜訪，並向他表達了愛意：「錯過我，你將錯過這世上最愛你的人。」這位哲學家雖然也很中意眼前這位美女，但還是煞有介事地說：「讓我再好好想想吧。」女孩子走後，哲學家陷入了深思。他把結婚的好壞一一羅列出來，橫向、縱向全方位地進行比較，分析其利弊。幾天後，他終於得出結果，決定登門提親。

但當他帶著聘禮，興沖沖地來到女孩家時，卻從女孩父親口中得知，女孩已在昨天嫁給了別人。哲學家聽後，腦中轟地一響，他做夢也沒有料到，自己對未來的深思熟慮，卻是斷送幸福的劊子手。頓時，他恍然大悟，明白了一個道理：只有抓住當下的幸福，才能擁有精彩未來。

在我們的身邊，像這位哲學家一樣，對未來過多思考、過大計畫，從而沒能抓住當下，讓幸福從指縫間溜走的人比比皆是。冰天雪地中的人們盼望著溫暖的夏天趕快到來，而當悶熱潮濕的夏季真的來臨之時，他們卻又開始懷念冬天的清涼舒爽，像這樣反反覆覆地期待未來而忽視現在，到頭來只會是一場空。

未來是無法預測的，如果我們把精力全部用做幻想未來，從而忽略了當下最真切的感受，把應該做的事情拋至腦後，那麼我們期許的未來是不會到來的。如果說我們期盼的未來是站上頂峰，那麼在攀爬的過程中，我們必須要做到腳踏實地，把握住自己當下踩過的每一個腳步。只有這樣，我們才能順利登頂。所以，我們並不需要花費過多的心思展望未來，只有認真抓住當下，才會創造出更加美好的未來。

陪伴是最長情的告白，珍惜是最浪漫的情詩

不要說：「茫茫人海，芸芸眾生。只要願意等，總有一天能找到那個屬於我的完美另一半。」也不要總是覺得身邊的人不夠好，後悔自己當初的選擇。在這個世界上，不乏讓我們怦然心動的佼佼者，然而，世事可以完滿者甚少，恰好兩情相悅的事情發生的可能性又有多大呢？

在茂密的森林中，如果你看中了一棵樹，也許它在別人的眼裡枝葉既不茂盛，樹幹也不是很筆直，但只要是適合你的，你就應該為自己的選擇而欣慰。

我們要相信，生活給予我們的都是福報。如果不想與幸福擦肩而過，就不要放棄身邊那個一直喜歡著的人。否則，如果錯過了青春、錯過了一個人，可能就再也回不去了。不斷逝去的歲月抹去的不只是青春，還有你對幸福的感知度。粗礪的生命，已經無法體驗光滑如緞的愛情，至少不再如你想像中的那樣純粹。因為你早已學會了審視人生

的得失，習慣了用一定的標準去衡量情感的厚薄，會去思考是否值得，並試著探究這喧嘩背後的人世滄桑和輝煌側面的陰影。

珍惜自己現在所擁有的，就能好好對待自己的愛人，並相信擁有的就是最好的，就是值得自己盡一切力量一輩子去呵護的愛人。

在波特蘭奧瑞岡機場等著接一個朋友時，只因無意中偷聽到其他人的對話，我竟碰上了一個足以改變生命的經歷，事情發生在離我僅僅只有兩尺遠的地方。

我極目眺望，想從空橋走出的旅客中找到我的朋友，卻注意到一個男人帶著兩個輕便的袋子向我走來，停在我身旁迎接他的家人。

他放下袋子後先往他最小的兒子（可能是六歲）那裡移去，並給了對方一個長長的擁抱。放開時兩人互望著對方，我聽到這位父親說：「能見到你實在太好了，兒子，我實在好想你。」他兒子笑得羞澀，眼神有點閃躲，只是輕輕地回答：「我也是，爸爸！」

然後男子站直，注視著大兒子（也許九或十歲），然後把兒子的臉捧在手上說道：「你已經是個年輕小夥子啦！我真愛你，柴克！」他也給了對方一個溫暖又溫柔的擁抱。

當這些動作正在進行時，一個小女孩（可能是一歲或一歲半）開始在她母親懷裡興奮地蠕動著，從沒把她小小的眼眸從她父親的臉上移開，男子說道：「嗨，小女孩。」當他從她母親手中溫柔地接過她時，很快地在她小臉的每個地方都親了一下，又把她貼近自己的胸膛搖啊搖，小女孩很快就放鬆了，滿足地把頭靜靜靠在他肩上。

過了一會兒，他牽著女兒和大兒子的手宣佈：「我把最好的留在最後。」然後給了妻子一個我從未看過的最長、最熱情的吻，他深情地望著她好幾秒，然後靜靜地說：「我好愛你。」

他們凝視著對方的眼睛，握著彼此的手相視而笑。那一刻我覺得他們也許是新婚夫妻，但根據他們孩子的年齡判斷，又不太可能，我被搞迷糊了，然後發現自己竟被離我不過一臂之遙的、不刻意的真情流露給弄呆了。但更驚訝的竟是我聽到我自己的聲音緊張地問著：「你們倆結婚多久啦？」

「在一起十四年，結婚十二年了。」他順口答道，眼睛還是盯著他可愛的妻子不放。

「那麼，你離開多久了呢？」我問道。

這男人終於轉過身來，看著我，露出他愉悅的微笑：「整整兩天。」

兩天？我著實吃了一驚，依這般熱烈的歡迎儀式看來，我幾乎已認定他們不是離開了幾個月，也至少是幾個星期。我的心事馬上讓他看了出來，我實在問得太隨性了。於是我想要借著優雅的偽裝趕緊脫身（並且趕快去找我朋友）：「我希望我的婚姻在十二年後還能有你們那般熱情！」

這男人馬上收斂了笑容，直直地看著我，對我說：「別只是希望，朋友，要下決心。」

然後他又微笑著，握握我的手，說道：「願上帝祝福你！」就這樣，他跟家人轉過身去，邁開大步走開了。

我一直看著這個男人走出我的視線，我朋友走到我身邊時問道，「你在看什麼？」我毫不遲疑，以一種熱切的堅定回答他：「我的未來！」

幸福就在我們的身邊伸手可及的地方，不要因為貪戀未來征途上那些虛無縹緲的風景，而錯過了那份真實應該屬於自己的感情，停下奔馳中的腳步，也許會發現，其實一直尋找的那份幸福就在自己的身邊，也許並沒有想像中的那麼完美，更沒有期待中的那麼奢華，但卻在平實中透著安全……

紅塵尚且安好，幸與不幸全看自己

活在當下，才能享受到真正的幸福，這就是告訴我們不要為已失去的東西而懊悔，也不要為得不到的東西而遺憾，珍惜當下所擁有的才是最重要的。

我們在年輕的時候總認為幸福不過是對功名的一種祈求，是一種對虛榮的滿足，覺得一個人如果能大富大貴，出人頭地，就是真正的幸福。但是，有句話說：「幸福並不是一種傲人的資本，也並非是虛名能夠滿足的，因為幸福並不是以權勢的高低、功名的顯赫作為標準。真正的幸福就是珍惜你眼前所擁有的。」

很久以前，在一個香火鼎盛的寺廟裡，有一隻蜘蛛染上了佛性。

有一天，佛從天上路過，看見了這個香火很旺的寺廟，就來到了這個寺廟裡。佛看見了那隻蜘蛛問：「蜘蛛，你知道在這個世界上最值得珍惜的東西是什麼嗎？」

蜘蛛回答：「得不到的和已經失去的。」

佛說：「好，三千年後你再來回答這個問題。」

佛走了。

蜘蛛仍然生活在這個寺廟，每天都為前來許願的人們祈禱，每天都為他們的故事感動著。日子就這樣在不知不覺中慢慢地過去。

三千年後，佛又來到了這個寺廟，他又問這隻蜘蛛：「蜘蛛，你知道在這個世界上最值得珍惜的東西是什麼嗎？」

蜘蛛仍然回答：「得不到的和已經失去的。」

佛說：「好，三千年後你再來回答這個問題。」

佛走了。

蜘蛛仍然生活在這個寺廟裡。忽然有一天一陣風刮來了一滴甘露，這滴甘露就落在蜘蛛的網上，蜘蛛很喜歡這滴甘露，它每天都看著它，覺得自己很幸福，覺得每天時間都過得很快。但是有一天，那陣風又刮來了，並且把甘露帶走了。蜘蛛失去了甘露，很傷心。日子就在蜘蛛的悲傷中慢慢過去了。

三千年後，佛再一次來到這個寺廟，他又問蜘蛛：「蜘蛛，你知道在這個世界上最值得珍惜的東西是什麼嗎？」

蜘蛛仍然回答：「得不到的和已經失去的。」

佛說：「好，那你就和我一同到人間走一趟吧。」

蜘蛛隨佛來到了人間。

蜘蛛投胎成了一個官宦之家的小姐，取名珠兒。同年，投胎轉世的甘露也成了金科狀元。在一次皇宮的大宴上，珠兒和甘露又一次相遇了。甘露儀表堂堂，舉止文雅，成為了眾人矚目的焦點，自然也得到了皇帝的女兒——長風公主的青睞。珠兒並不著急，因為她知道，她和甘露的緣分是上天定下的。

一天，珠兒去寺廟裡燒香，恰巧遇見了陪母親來燒香的甘露。她走過去，甘露文質彬彬地說：「小姐，您有何貴幹？」

珠兒的臉色頓時變得很蒼白：「你難道不認識我了嗎？我是珠兒呀，就是兩千多年前的那隻蜘蛛。」

甘露不解地回答：「對不起小姐，我想你是認錯人了，我並不認識你，也不知道你說的是什麼。」

甘露扶著母親走了。珠兒陷入了無比的悲痛之中。她不明白這份上天註定的姻緣，怎麼這麼難。幾天後還沉浸在痛苦中的珠兒聽到了兩個消息：一是皇帝把自己的女兒長風公主許配給了今科狀元甘露，二是皇帝把她許配給了自己的兒子甘草。

聽到這個消息，珠兒終於堅持不住了，她一病不起。甘草很傷心，他來到珠兒的床邊，握著昏迷之中的珠兒的手說：「珠兒，你知道嗎，自從在父皇的大宴上看見你，我就已經深深地愛上你了，所以我請求父皇把你許配給我，如果你死了，我這下半生……」

珠兒已經聽不見了，因為她的靈魂已經慢慢離開了她的軀體，她的靈魂看著身邊默默流淚的甘草，感覺像有一把刀在心裡狠狠地割了一下。

正在這時，佛出現了，他問珠兒：「你現在能告訴我，什麼是世界上最值得珍惜的嗎？」

珠兒含著眼淚說：「得不到的和已經失去的。」

佛說：「難道你還不明白嗎？甘露在你的生命中只是一個過客，他是被長風帶來的，也是被長風帶走的，所以他屬於長風公主。而你在寺廟生活的那段日子裡，在你網下的甘草，一直默默地注視著你，愛慕著你，只是他沒有勇氣告訴你，你也從來沒有低下過你那高貴的頭。」

這時的珠兒早已是雙眼含淚，她點點頭，看著自己身邊的甘草說：「在這個世界上最值得我去珍惜的，是現在身邊所擁有的。」

因此，懂得把握當下的人是幸福的，當下才是我們生命的真正含義。天地萬物，自然輪迴，我們生活在這樣一個空間，必然要遵守生老病死、稍縱即逝的規律。歷史不會為我們守候，生命的年輪總是隨著日出日落而輝煌、消遁，而幸福的生活就在此刻，只要你能珍惜當下所擁有的，便能享受到生命永恆的快樂。為此，勞累一天，精疲力竭還要加班的我們，是否也應該儘快地停下腳步審視一下自己，這樣的忙碌是為了什麼，我們生活的意義究竟是什麼？生命的價值又在哪裡？當你的腳步慢下來，也許就會幡然醒悟，享受當下所擁有的東西，才是上天賜予生命的重要意義。

這麼美的路，感謝你始終陪我走

如果你有半杯水，不要總去關注那些有滿杯水的人，而是要多看看那些已經空杯了的人。這樣，就能擁有更多快樂。人生最珍貴的不是那些得不到的和失去的東西，恰恰是你現在能把握的。

不要把眼睛總放在別人的手上，不要去羡慕別人的東西。如果你看不到自己手裡的東西，你不懂得珍惜現在有的，你就會永遠都感覺不到幸福。我們常常看到很多人生活在十分樸素的環境裡，但是卻依然十分快樂，那就是因為他們看到了自己擁有的東西，他們感謝自己所擁有的，而且備加珍惜。

體驗快樂其實很簡單，不需要很多金錢，以及更大的住房，或者比現在更好的工作。只要改變我們的態度，珍惜現在手中擁有的東西，永遠不要讓它失去，自然會過上一種輕鬆無憂的生活。

球王馬拉多納有一份神聖而偉大的事業，也有一個幸福的家庭——兩個聰明可愛的女兒和一個美麗體貼的妻子。崇拜他的人太多了，在別人眼裡，他就是巨星。但是，由於工作很忙，他沒有時間和精力照顧家人。

於是，妻子負責家裡的一切事務，絲毫沒有怨言。每天，妻子都高高興興地安排著一切，全身心地佈置著他們溫馨的小窩。可以說，妻子是這個世界上最熟悉他的人了——妻子知道他喜歡躺在床上看電視，於是就把電視搬到床的旁邊；妻子知道他喜歡穿運動服，於是他的衣服是清一色的運動衣；妻子知道他喜歡吃什麼，也提早準備好了。

身旁溫柔的妻子和可愛的孩子，給了馬拉多納最大的快樂和幸福。每次回到家，他把一天的勞累都放下來，徜徉在天倫之樂裡，驅散了所有煩惱和不愉快的事情。但是，這種幸福沒有維持很久。

漸漸地，幸福在馬拉多納眼裡只是生命的一部分，甚至是不那麼重要的一部分了。隨著時間的推移，家的幸福和溫暖開始變得平淡無奇。沒過多久，他有了情人。終於有一天，他向妻子提出了離婚，至此兩人十四年的婚姻最終破裂。

馬拉多納在和妻子離婚後，始終沒有選擇再婚，而是和兩個女兒生活在一起，住的還是以前的房子。為什麼不再娶一個漂亮的嬌妻呢？為什麼不住更舒適的大房子呢？所有的一切，都在一次媒體採訪中找到了答案。

有一次，時尚週刊《人物》採訪了馬拉多納。當時，他說了這樣一段話：「雖然我和克勞迪亞離婚了，可我依然愛她。現在我家裡的陳設還是當初克勞迪亞設計的樣子，電視、CD播放機、照片……還有她親自選購的傢俱。看到這些，我就會想起她，她對我太瞭解了，她是我生命裡的小巫婆。」

「我這一生最大的錯誤是，當初沒有珍惜妻子克勞迪亞的愛，現在悔之晚矣。我將終身不娶，因為我已失去了我一生中的最愛。」就這樣，馬拉多納略帶悔恨地結束了那場採訪。

馬拉多納之所以最後鬧得孤獨一人，就是因為他忽略了平淡的幸福，沒能好好珍惜已經擁有的，反而去追求一些並不現實的東西。即使追悔不已，可是還有什麼用呢？這個錯誤將伴隨他的一生。

有一句諺語說得好：「昨天是一張作廢的支票，明天是一種不能取用的存款，今天才是擺在你面前的現金。」這提醒我們，「今天」是最重要的，最值得珍惜，把握好當下的幸福才有快樂可言。

如果看不清未來，那就努力做好現在

如果看不清未來，那就努力做好現在。把眼前的事情做好了，機會自然會來。過去的你已經無法更改，未來的你什麼樣，取決於你的現在。

美國著名的電影明星派特・奧布瑞恩在踏入影視界之前，只是一名默默無聞的話劇演員。一次，他參加了一部名為《向上，向上》的話劇表演。

派特對自己很有信心，他的表演也很到位，可是觀眾似乎對這樣的劇本不感興趣，第一次演出，劇場裡的座位上只到了不足三分之一的觀眾。後來的觀眾更是越來越少，劇團難以為繼，只好將表演場地搬到一個偏僻廉價的小劇院。

這樣的地方，觀眾自然寥寥無幾，門票收入減少，演員們的薪水也每況愈下。一時間，一種消極的情緒在劇團裡蔓延開來，演員們都感覺前途一片渺茫，表演也不再像以前那樣賣力了，甚至有人私下裡做好了離開劇團的準備。

在大家埋怨時運不濟的時候，派特卻從未懈怠過，仍是一如既往地全身心投入表演，即使台下只有一名觀眾，他也會百分百地投入。

一天晚上，劇團來了一個陌生人，坐在最前排看派特的表演。當派特表演完，他站起來報以熱烈的掌聲。派特以為他只是一名普通的觀眾，當這個男人走上台來，握著派特的手自我介紹，派特才知道他竟然是大名鼎鼎的電影導演路易斯．米爾斯頓。

路易斯被派特的演技和敬業精神所折服，當即邀請他參與電影《扉頁》的拍攝。從此，派特在電影界嶄露頭角，並逐漸成為觀眾喜愛的電影明星。

活在當下是一種全身心地投入人生的生活方式。當你活在當下，而沒有過去拖在你後面，也沒有未來拉著你往前時，你全部的能量都集中在這一時刻，生命因此具有一種強烈的張力。

「當下」給你一個深深地潛入生命水中，或是高高地飛進生命天空的機會。但是生活在過去和未來之間的當下就好像走在一條繩索上，在它的兩邊都有危險。一旦你嘗到了「當下」這個片刻的甜蜜，你就不會去顧慮那些危險；一旦你跟生命保持在同一步調，其他的就無關緊要了。

從前，遠方有個王國，國王的年紀大了，他把三個兒子叫到跟前，對他們說：「我們王國北方有一座最險峻的山峰，山頂上長著全世界最老、最高、最壯的松樹。我將派遣你們獨自去攀登那座高峰，從那棵樹上摘一根樹枝回來，把最棒的樹枝拿回來的人，就可以繼承我的王位。」

第一個王子帶著行囊出發了。三個星期後，風塵僕僕的回到王國，帶回了一根巨大的樹枝。國王似乎很滿意，恭喜他完成了任務。

接下來輪到第二個王子，他發誓要取回更好的樹枝，於是帶著帳篷上路了。第六個星期快結束時，他終於回來，拖著一枝龐大的松枝，比第一個王子拿回來的大了很多。國王高興極了。

最後，最小的王子收拾行囊朝高山出發。然而他久久沒有回來，直到第十四個星期，才傳來小兒子正在返家路途中的消息。

國王算準他到家的時間，命令全國人民聚在一起，等候第三個兒子回來。王子到達時，全身衣服又髒又破，不僅疲累不堪，而且連一根小樹枝都沒帶回來。

小王子眼裡含著羞愧的淚水說：「對不起，父親，我試著去完成你交給我的事，找到那座雄偉的高山，日以繼夜的登上最頂端，尋遍了整個山頂，可是發現那裡根本就沒有樹！」

國王淚流滿面，向幼子溫和的說：「你是對的，那座山頂根本沒有樹木，現在，我們王國的一切都是你的了。」

眾人不解，便問國王為何要將王位傳給這位沒能帶回樹枝的兒子。國王說：「他雖然沒有帶回樹枝，但他是我三個兒子中最努力的。當他發現山頂沒有樹的時候，他接受了眼前的現狀。接著，他花了好幾個星期去尋找我所說的那些樹，雖然他最後都沒能找到，但他有著作為一個國王應該有的素質。」

只要在生活中永遠選擇盡力而為，到最後你一定會收穫豐碩的果實。或許我們可以假設一下，假如那個最小的兒子最終沒能獲得國王的位置，但至少他努力了，在很多人心裡，他已經是一個成功的人了。

也許你努力了也永遠達不到目標，因為那本就是一個不存在的東西。但是，當你盡力而為之後，就不會給自己的人生留下遺憾。

佛家常勸世人要「活在當下」。到底什麼叫作「當下」？簡單地說，「當下」指的就是：你現在正在做的事、待的地方、周圍一起工作和生活的人；「活在當下」就是要你把關注的焦點集中在這些人、事、物上面，全心全意認真去接納、品嘗、投入和體驗這一切。

你可能會說：「這有什麼難的？我不是一直都活著並與它們在一起嗎？」話是不錯，問題是，你是不是一直活得很匆忙，不論是吃飯、走路、睡覺、娛樂，你總是沒什麼耐性，急著想趕赴下一個目標？因為，你覺得還有更偉大的志向正等著你去完成，你不能把多餘的時間浪費在「現在」這些事情上面。

不只是你，大多數的人都無法專注於「現在」，他們總是若有所想，想著明天、明年甚至下半輩子的事。假若你時時刻刻都將力氣耗費在未知的未來，卻對眼前的一切視若無睹，你永遠也不會得到快樂。一位作家這樣說過：「當你存心去找快樂的時候，往往找不到，唯有讓自己活在『現在』，全神貫注於周圍的事物，快樂便會不請自來。」

或許人生的意義，不過是嗅嗅身旁綺麗的花，享受一路走來的點點滴滴而已。畢竟，昨日已成歷史，明日尚不可知，只有「現在」才是上天賜予我們最好的禮物。

許多人喜歡預支明天的煩惱，想要早一步解決掉明天的煩惱。明天如果有煩惱，你今天是無法解決的，每一天都有每一天的人生功課要做，努力做好今天的功課再說吧！

心靈浮躁時，你該踏上尋找另一個自己的旅途

沉溺於過去，會分散你的注意力。當你不安的時候，過去彷彿是一個理想的避難所，但它是不真實的。你總是以各種形式把自己隱藏在過去中，給過去塗上一層浪漫的色彩；對過去的一切感到遺憾。但是只有兩種對待過去的方式對你有好處：學會欣賞過去、從過去中學習。

給過去塗上一層浪漫的色彩是非常有誘惑力的。記住過去愉快的經歷使人快樂，但是如果拿過去和完全不同的現在做比較，快樂就會失去。我們或許曾經把一切想像得非常美好，甚至相信自己錯過了真正的靈魂伴侶。但是，過去一去不復返，此時此刻才是活力的源泉、真正力量的來源。

在美國歷史上，伊東・布拉格是第一位獲得普利茲獎的黑人記者，當同行

採訪布拉格，詢問他的獲獎感受時，他在麥克風面前講述了一段令人感慨的經歷：「我小時候，家裡非常窮，我父親是個水手，他每年都來來回回地穿梭於大西洋的各個港口，儘管如此，掙的錢依然不夠維持全家人的生活。面對這種處境，我非常沮喪，因為我一直認為，像我們這樣地位卑微、貧窮的黑人不可能有出息。

抱著這種想法，我渾渾噩噩地上學，可想而知，成績也好不到哪兒去，就這樣，我在自己設定的圍牆下過了十多年。有一天，父親突然對我說：『現在你長大了，應該帶你出去見見世面，我希望你的生活能和父母不同，能擺脫從前的貧窮而有所成就。』聽了父親的話，我暗想：『有成就？怎麼可能呢？我不過一直都是個窮黑人的兒子。』

儘管如此，我依然聽從父親的安排，隨他一起去參觀了大畫家梵谷的故居。在這間狹小、幾乎空空如也的屋子裡，我看見了一張小木床，還有一雙裂了口的皮鞋，我很驚訝，這位著名畫家的生活居然如此簡陋！

我問父親：『梵谷不是個百萬富翁嗎？他怎麼會住在這種地方？』

父親說：『兒子，你錯了，梵谷曾經是個窮人，是個比我們還要窮的窮人，他甚至窮得娶不上妻子，可是他沒有向昨日的貧困屈服。』

這段經歷讓我對以前的看法產生了疑惑，我想：我是否也可以從我過去的碌碌無為中擺脫出來，而有些出息呢？梵谷不也是個窮人嗎？他為何知道自己只不過是昨日的窮人而非現在和將來的窮人呢？

第二年，父親又帶著我到了丹麥，我們游走於安徒生的故居內，這裡的環境比梵谷強不了多少，我更驚訝了，因為在安徒生的童話中，到處都是金碧輝煌的皇宮，我一直以為他也和書中的人物一樣，住在皇宮裡。

我向父親提出了自己的疑問：『爸爸，難道安徒生不是生活在皇宮裡嗎？』父親看著我意味深長地說：「不，孩子，安徒生是個鞋匠的兒子，你喜歡的那些童話就是他在這棟閣樓裡寫出來的。』

直到這時，我才終於明白，父親為什麼會帶我參觀梵谷和安徒生的故居？其實他想告訴我：不要在乎過去所過的生活如何貧窮，儘管我們是窮人，身分很卑微，但這絲毫不影響我們成為一個有出息的人。」

對於一時的貧窮，我們要堅信，從踏出生命旅程的那一刻起，我們就告別了貧窮，摒棄了過去。抬眼仰視前方，只剩下期待我們去創造的美好未來，風雨兼程，勇往直前，終會換來專屬於自己的一片碧朗晴空。

如果你對過去的一切感到遺憾，就是忽略了過去賜給你的禮物。你把自己當成了受害者，拒絕承認自己是創造者。如果你感到內疚，覺得不應該那麼做，那麼你對自己就太苛刻了。你那麼做完全是在自己所知的範圍內盡力而為的。

哈里・萊伯曼先生是位著名的製藥專家，八十歲才離開顧問的崗位真正退休。他退休後常到俱樂部去下棋，以此來消磨時間。

有一天，女辦事員告訴他，有位棋友因身體不適，不能前來作陪。看到老人失望的神情，這位熱情的辦事員就建議他到畫室去轉一圈，還可以試著畫幾下。

「您說什麼，讓我作畫？」老人哈哈大笑，「我從來都沒有摸過畫筆。」

「那不要緊，試試看嘛！說不定您會覺得很有意思呢！」

在女辦事員的一再堅持下，哈里・萊伯曼到了畫室。過了一會兒，她又跑來看看老人「玩」得是否開心。

「太棒了，老先生！您剛才一定是在騙我！您簡直是一位名副其實的畫家。」她笑著對老人說。

不過，老人剛才說的全是實話，這確實是他第一次擺弄畫筆和顏料，以前從未發現自己有繪畫的才能。

提起當年這件往事，老人頗有感慨地說：「我開始很不適應退休後的生活，那曾是我一生中最憂鬱、最難熬的時光。那位女辦事員給了我很大的鼓舞，從那以後我每天都去畫室，從作畫中我又找到了生活的樂趣。從事一項力所能及的有意義活動，就會使人感到又投入了朝氣蓬勃的新生活。」

後來，繪畫對於這位八旬老人來說，已經不僅僅是一項單純的消遣活動了，他對作畫已產生了濃厚的興趣。八十二歲那年，老人還去聽了繪畫課，一所學校專為成年人開辦的十周補習課程。這是老人有生以來第一次系統地學習繪畫知識。第三周課程結束的時候，老人直率地抱怨任課教師畫家拉里．理弗斯：「您給每一位學員都講得耐心細緻，對我卻從來不給予幫助和指導，甚至連一句話也不說。這是為什麼？」顯然，老人有些不高興了。

「先生，因為您所做的一切，我自己實在是趕不上。我怎麼敢妄加指點呢？」拉里．理弗斯說得情真意切，還自願出錢買下了老人的一幅作品。

人的潛能有時是極其驚人的。就這樣，不到四年的光景，哈里．萊伯曼的許多作品先後被一些著名收藏家購買，並登上了博物館的大雅之堂。

一九七七年十一月，洛杉磯一家頗有名望的藝術品陳列館舉辦了第廿三屆畫展：哈里・萊伯曼一〇一歲畫展。

這位百歲老人筆直地站在入口處，迎候參加開幕儀式的四百多名來賓，其中有不少畫家、收藏家、評論家和新聞記者。老人身材瘦長，臉上皺紋已深，下巴留著一撮鬍鬚，頭髮花白，但卻精神煥發，衣著整潔，看上去最多不過八十多歲。其作品中表現出來的活力，贏得許多參觀者的讚歎。美國藝術史學家斯蒂芬・朗斯特里特熱情洋溢地讚美道：「許多評論家、藝術品收藏家，透過這種熱情奔放、明快簡潔的藝術，看到了一個大藝術家的不凡手法。」

不必懼怕未來的道路有多難行，不必憂心糾結於自己的不完美，當一切不如意的時候，不妨靜下心來，挖掘蘊藏在我們體內的潛藏力量，如此，相信我們將會迎來鳳凰涅槃的重生，「會當凌絕頂，一覽眾山小」。人生如此，該是何等的灑脫、何等的愜意。

[第三章]

喜歡就表白，或者給他表白的機會

再好的緣分也經不起等待

很多女孩都會有過像紫霞仙子那樣的夢想，「我的意中人是一個蓋世英雄，有一天他會踩著七色的雲彩來娶我」，很多女孩也都會很狂熱地喜歡上席慕容的《那棵開花的樹》：

如何讓你遇見我，
在我最美麗的時刻。
為這，
我已在佛前求了五百年，
求佛讓我們結一段塵緣。
佛於是把我化做一棵樹，

長在你必經的路旁

……

因為她們都曾寂寞地等待過。可是，等待在大多數時候都只是一場迷人的癡幻，很少有人的愛情是可以等來的。倒是很多女孩都在春去秋來的等待中慢慢消逝了容顏。人類的生命是很短暫的，稍不小心，一生就這麼過去了。女孩如花的青春也是非常短暫的，沒有誰真的能像那棵開花的樹一樣等上幾百年。

梅潔失去了一段最真的感情，只是因為矜持，回想起來，她還懊悔不已。她在日記裡寫道：

我從小就是個比較好強的女孩，可能因為這樣，我在愛情和工作上都顯得比較被動。雖然我並不內向，但也總不習慣把自己的意思直接地表達出來，總是埋在心裡。

好友告訴我，熟悉我的人知道我這是矜持，不熟悉的還覺得我太傲慢。

楊冬和我是大學同學，在校園裡，我們就相戀了。後來畢業，各自有了工作，我們依然保持著戀愛關係。

這場戀愛，由始至終都是楊冬在主動。我愛楊冬，他的細心和體貼讓我感動，但好強的我，沒有想過主動，聯手也不曾和他拉過。

楊冬常常對我戲言：「我要是你肚子裡的蛔蟲就好了，似乎總覺得捉摸不定，不知道你到底怎麼想的。」

工作的第二年，楊冬的公司大幅裁員，他也被精減了。我知道這一情況後，想安慰他，卻又不知道怎麼安慰，於是一直沒有表示。

猶豫了一周後，我打了個電話過去——其實我們之間，從來就是他主動打電話給我，我想，這也許是我第一次主動。

電話通了，我明顯地感受得到電話那頭的楊冬有著難言的失落與沉默。想了想，我說：「其實你失去工作的事，我早就知道了，我給了你一個星期的時間來難過，希望你可以堅強些，度過這次難關……」我知道，這其實是在給自己的被動找藉口！

那邊的楊冬始終沒有說話，「嗯」「哦」了兩聲後，他把電話掛斷了。我的心蹬地一下涼了，這是他第一次掛我的電話。

想想以前楊東待我的柔情，我堅信，他遲早會回來哄我的，於是也沒當回事。

再後來，公司接了個專案，我是主要負責人之一，這一忙，我忘了去問楊冬找工作的事。

每天每時我都在期待著手機突然響起，是楊冬打來的，告訴我，他想我。但是，我一直等了二十多天，楊冬才打電話過來。看到來電顯示是楊冬的電話，我忍不住激動起來。

楊冬約我第二天在公園見面。我很高興，卻極力克制著自己的喜悅，平淡地答應下來。

那天，我精心地裝扮了自己，為的是給楊冬一個好印象。我們已經差不多一個月沒有見面了，他不知道，這一個月我有多想他。但我從來不曾說出口，也沒婉轉或隱晦地表達一下自己的感情。

我們如約在公園見了面，見到他的一剎那，我看到他的眼睛裡有亮色，我知道，我的打扮令他意外，我看到了他眼裡的辛酸，似乎想哭。

也是在剎那間，楊冬情不自禁地抱住了我，我大吃一驚，本能地掙脫了楊冬的擁抱。可是，剛掙脫我就後悔了，其實剛才那一刻，我很心醉，我也不知道自己為什麼會掙脫他的擁抱，或許是我太害羞。

為了打破尷尬，我幾乎有些沒話找話地問他：「楊冬，你找到工作了嗎？」

楊冬有些傷感，說找到了，然後不再提及。他說，他很懷念在校園的時候，我們曾經是如何的快樂，我們曾經的種種樂趣和小事如何讓他懷念，說得淚水都泛了出來。

我也很感動，我想，這次他再擁抱我，我一定不會拒絕，但是楊冬沒有。他說，想讓我去他家吃飯，並見見他的父母。這個要求讓我很意外，我完全沒有心理準備，於是我拒絕了。

但是，我忽略了楊冬的感受。他很失望，說：「我怎麼感覺你這麼不在乎我？難道你就不怕我飛了嗎？」倔強的我，半開玩笑地說：「行啊，你飛吧，我給你安翅膀……」

再後來，楊冬發了條簡訊給我：「我一直都不知道你心裡到底是怎麼想的，我很努力想讀懂你的心思，希望有一天我的愛能夠有所回應，可一直等到今天，我還是徹底失望了！」

突然之間，我有些害怕，怕從此失去楊冬。可是，我又拉不下面子去對他表白什麼，我想回他的簡訊，卻又不知道說什麼好。

最終我什麼表示也沒有，但我心裡做了一個決定：下次楊冬再邀我去他的家裡，我一定會答應他。

又過了兩個月，楊冬再也沒有主動給我打過一次電話。我一天天地等下去，終於坐不住了，我覺得，女孩是不是也應該主動一下？想了許久，我決定告訴楊冬：我願意和他一起去見他的父母了。

於是我撥通了他的手機，當電話接通的時候，裡面傳來一個女孩清脆的聲音：「你好，你是誰呀？我是楊冬的女朋友，他現在在洗澡，如果有什麼事，你可以告訴我，我會轉告他的。」剎那間，我只感覺到天旋地轉，握著電話，說不出話來。

我想到楊冬的簡訊，發那條簡訊時，他是如何的絕望？也許，我們的感情在他發出那條簡訊時就預示了結局。但是我心有不甘，我決定主動找他談談。

後來，楊冬向我解釋，他失業那段時間，是那個女孩給了他很多幫助和安慰，他說了一句讓我後悔終生的話：「你的冷淡比起她的熱情，只讓我覺得心寒。」他把「心寒」兩個字說得極重。

楊冬說，戀愛這麼多年來，我連一點愛的表達都沒有過，手也沒和他牽過，連句愛的表白也沒有，他已經等得沒有信心了。

我哭了，當著楊冬的面抽泣不已。第一次，我不要矜持了，也不要所謂的理智與堅強了，問楊冬：「我還有沒有挽回你的可能？我們還能重新開始嗎？」楊冬輕輕地搖了搖頭。

我失聲痛哭起來，突然之間，我覺得，我真的不能沒有他，我原來是如此地愛他，卻從來沒有珍惜過他。矜持，讓我失去了最真的愛！

印度哲人說：「神將不斷打開你的心靈，直到它永保開放。」而愛情裡那一句大聲地呼喊，正是一把打開我們心靈聖殿的神聖鑰匙。從這裡我們起碼可以聞到芬芳的憂傷。看它如水一般流淌開來，流經蔥蘢的歲月，滋潤我們生命的村莊。

做一個有愛的女子，如果某天和愛情狹路相逢，請敞開自己，像個嬰兒那樣，告訴對方，我很愛很愛你。剩下來的結果，不用猜想，即便是一路憂傷，也無需後悔。你只要將那些如水的憂傷，找一個畫板，塗抹成一幅繽紛的畫作，便是此生最美的祭奠。

女人如花花似夢，很多女孩的青春就是在這種如夢如幻的等待中慢慢消逝的。有些女性正是因為懂得在婚戀中採取主動態度，令男性眼中的她出眾無比，最終贏得美滿愛情。名嘴陶晶瑩在談及自己的戀愛史時，就直截了當地說：「像我們這樣聰明的女人，如果不主動點，基本上就沒什麼機會啦！」所以，一旦自己欣賞的人出現在身邊時，不要猶豫，巧妙地主動爭取。

我們都普通，何必要他們完美

如果在這個世界中挑選一件最美麗的東西，那麼應該就是愛情吧。愛情是神聖的，也是美好的。沒有了愛情的存在，生命就失去了耀眼的光芒和亮麗的顏色，愛情能夠激發一個人對生活的熱愛，對未來的激情，沒有愛情的人生是殘缺的，也是乏味的。

從某種意義上說，追求完美是一種非常優秀的品質，但是在這個世界上，並沒有盡善盡美的事情，當然也不存在完美無缺的人。就算是一塊價值連城的寶玉，在顯微鏡的下面都會有瑕疵，更不要說人了。

幾十年的獨身生活使威廉厭倦了，威廉決定娶一個妻子。威廉經常看到取名為「愛情」的婚姻介紹所的廣告，據說，這些廣告曾經幫助許多人解決了他們的終身大事。於是他來到了一家最有名氣的婚姻介紹所。

接待他的女士將他帶到了一個房間，房間裡有很多門，上面寫著一些女性的資料，威廉要做的就是根據自己的要求推開相應的門。

第一個門上寫著「終生的伴侶」，另一個門上寫著「至死不變心」。威廉忌諱這個「死」字，於是，便邁進了第一個門。接著，又看到兩個門，右側寫的是「淡黃的頭髮」，左側寫的是「烏黑的頭髮」。威廉總是喜歡長著淡黃色頭髮的女性，於是，便推開了右邊的那扇門。進去以後，還有兩扇門，左邊寫著「美麗、年輕的女孩」，右面則是「富有經驗的、成熟的女人和離過婚的女人們」。左邊的那扇門更能吸引威廉的心。進去以後，又有兩扇門。上面分別寫的是「苗條、標準的身體」和「略微肥胖、體型稍有缺陷者」。用不著多想苗條的女孩更中威廉的意。於是，進了第五個房間，裡面還有兩扇門，分別寫的是「雙親健在」和「舉目無親」。

威廉感覺自己好像進了一個龐大的分檢器，再被不斷地篩選著。下面分別看到的是他未來的伴侶操持家務的能力，一扇門是「愛織毛衣、會做衣服、擅長烹飪」，另一扇門上則是「愛打撲克、喜歡旅遊、需要保姆」。當然，愛織毛衣的女孩又贏得了威廉的心。他推開了把手，豈料又遇到兩扇門。這一次，介紹了她們的精神修養和道德狀況：「忠誠、多情、缺乏經驗」和「有天才、具有高度的智力」。威廉確信，他自己的才能已足夠應付全家的生活，於是，邁進了第一個房間。裡面，左側的門上寫著「疼愛自己的丈夫」，右側寫的是「需要丈夫隨時陪伴她」。當然威廉需要一個疼愛他的妻子。下面的兩扇門對威廉來說是一個極為重要的選擇：上面分別寫的是「有遺產，生活富裕，有一棟漂亮的住宅」和「憑工資吃飯」。理所當然地威廉選擇了前者。

威廉推開了那扇門，才發現自己已經走上了馬路。這時，一開始接待威廉的那位女性來了，她遞給威廉一個玫瑰色的信封。威廉打開一看，裡面有一張紙條，上面寫著：「您已經挑花了眼。人總不是十全十美的。完美是種理想，即便是上萬種選擇仍會有遺憾。」

有人說，完美是上帝進化人類的誘餌，它是永遠讓人眺望而無法達到的目標。抱怨別人之前，請審視自己，如果你不是完美的，那就別再用完美的標準去衡量對方。

當然，在現實生活中，人們對完美都有著極大的渴望。追求生活中的完美是一件無可厚非的事情，但是這樣的追求要有個限度。因為所有的事情都不能十全十美，總是會或多或少帶瑕疵。如果過分要求一個人或者一件事情十全十美的話，無疑就等於把自己禁錮，而且永遠也找不到自己想要的。

追求美好的對象本身並沒有錯，但如果容不下一點缺憾，對身邊的人「橫挑鼻子豎挑眼」，總覺得「那山總比這山高」，這就可能是強迫行為了。對自己過高的評估，帶來的或是看輕別人，或是更多看到了物質的東西。很多「剩男剩女」列出的心儀對象條件，都是自相矛盾的：比如希望一個男人事業有成、佔據高位，同時又不能太忙，要常常在家陪著妻子看電視；希望那個女人要聽話，但掙的錢不能比自己少……他們根本不是在找相愛的人，而是在找一個「完人」。

在擇偶上脫離實際，想追求完美另一半的女性應該好好審視一下自己，我們也是普通人，也有缺點和不足，何必非要挑剔別人。

給他「製造」一個表白的機會

如果你是個不善於表達的女孩，又恰巧喜歡上了一個生性靦腆的男孩，如果你不給他某種暗示的話，那麼，你可能會在等待他的表白中耗很長一段時間。

給靦腆男孩製造機會，與女孩主動出擊是兩回事。女孩主動出擊，講的是喜歡了對方，主動去追求。而給對方製造機會，是知道對方喜歡自己，可他因為靦腆而不敢表白，女孩主動製造機會，引導他把心裡的真實感情表達出來。

總之，無論如何都不要把感情悶在心裡不去表白，造成永遠的遺憾。因為總有那麼一些不開竅的男孩，長著一個「榆木腦袋」，需要女孩點撥一下。

有個男孩和女孩在公園裡約會，女孩希望男孩擁抱一下自己，就暗示這個男孩說：「有人說男人手臂的長度，恰好等於女人的腰圍，你相信嗎？」男孩說：「這我倒沒有量過……」女孩再次暗示他：「可以量一下呀！」

男孩明白了女孩的意思，輕輕而溫柔地擁抱了女孩一下，說：「你真的好苗條啊。」

後來，男孩和女孩結婚了，過得很幸福。男孩想，是當初公園那個擁抱讓他們打破了僵局，讓他擁有了最愛的女孩。

婚後，男人故意逗女人：「還記得嗎？你說男人手臂的長度，恰好等於女人的腰圍，現在我不相信這個方法了，因為現在我的手臂不等於你的腰圍。」

女孩，不，現在她已經是女人了，就倚著丈夫輕輕地笑著點頭——因為她已經懷孕了。

有句話說：如果你真的愛他，就放下女孩子的架子吧。

小竹和王舒是朋友，可又不像朋友。讓小竹鬱悶的是，王舒又從來不曾對她表達過什麼，兩人之間一直持續著那種介於戀人和朋友間的關係。

隨著時間的推移，小竹看得出來，王舒是真心的喜歡她，只是他太過於害羞、內向。於是，她決定製造些機會，讓他把這層「窗户紙」捅破。

某一天，小竹約王舒去朋友家，朋友家在十樓，卻遇電梯停電。到六樓時，小竹裝作實在走不動的樣子，可憐巴巴地對王舒說：「王舒，我肚子好疼，怎麼辦？」王舒猶豫了一下，說：「我拉著你走好不好？」

小竹會心地笑了，把手遞給他。王舒有點不好意思，臉都紅了。走了兩層，小竹把手掙脫，說：「哎，我還是走不動了。」說著就坐了下來，再也不肯走。王舒猶豫著說：「要不我背你走？」小竹雀躍起來：「好啊。」說著就跳到了王舒的背上。背著小竹，聞著她身上淡淡的清香，王舒似乎充滿了力氣。

不知不覺間，兩人的距離拉近了很多。再後來，他們相聚或約會，也開始牽手了。

那天，小竹主動打電話給王舒，卻聽著他的聲音有氣無力的，她感到王舒可能生病了，於是跑到王舒的住處。

果然，王舒因為感冒，引發了鼻竇炎，導致半邊臉疼痛腫脹，頭也疼，人也倒下了。小竹為他買藥，熬湯，把他照顧得細緻入微。

王舒病好的時候，小竹假裝探試他：「哎，我這朋友也做得夠盡職了吧？現在你也好了，我也該解脫啦。告訴你一個消息，我們公司派我去S市擔任銷售經理，下周我就得走了，你要照顧好自己……」

王舒聽後慌了神，突然一把拉住了小竹的手，對她的表白脫口而出：「我很早就喜歡你了，真的好喜歡……是這次生病，讓我意識到，我……我不能沒有你，小竹，留下來吧，做我的女朋友……」後來，小竹留了下來，他們的愛情很快就水到渠成了。

很多女孩子像小竹一樣，默默地愛著一個人，但總是等不到對方的表白，很苦惱。很多時候，不是他不夠愛她，而是他找不到合適的表白方式，覺得自己「沒有機會」。如果是這種情況的話，這段愛情實在是太冤枉了。

其實，機會是可以製造出來的。掌握一些技巧，試探他一下，早一點明白他的心思，讓愛情來得更順利吧。

首先，瞭解他是否真的生性靦腆。

這點很重要，或許他根本就對你無意，你卻誤以為他是性格內向而不好意思表白，那很可能會表錯情。也有一種男人，看上去開朗大方，和人交流爽朗自如，但在某個女孩面前，卻靦腆害羞，也說明他對這個女孩有意思。

其次，瞭解他是不是對你有意。

女孩一般都敏感，憑著這種「第六感覺」，通常能感覺得到男性對自己的真實意圖。如果他對你完全沒有那種感覺，你的「製造機會」只會給自己帶來尷尬。瞭解他的真實意思，可以從平時的細節中觀察出來。

以上兩點都確定了，就開始你的浪漫之旅吧。但是不要忘了，在給他製造機會的時候，要注意一些問題。

・感情表達一定要自然

感情還是真實自然為好，千萬不要做作而虛假，否則很可能會弄巧成拙。或許他本來對你有好感，卻讓你的做假給「做」沒了。

・把握好火候與分寸

不要明知道他喜歡你，還赤裸裸地質問他：「說，你是不是喜歡我？不要緊，喜歡我就大膽地說，說『我愛你』。」或者大膽地攔住他，說「我知道你喜歡我」，然後再赤裸裸地主動給他一個香吻。這樣只會把他嚇跑或把他對你的好感驟然降低。記住，心急吃不了熱豆腐！

・分清主次

不要把給他製造機會搞成了主動進攻追求他，這是兩回事。知道他愛你，再不動聲色地給他製造表白的機會，而自己，依然要享受被追求的快樂。

灰姑娘光有水晶鞋還不夠，還要參加舞會

即使是灰姑娘，也是通過舞會這個大聚會，才得以認識王子並過上幸福快樂的生活。

社會學家表示，如今剩男剩女當道，主要是都太宅，平日工作繁忙，回家就宅在家裡不出門，讓現代年輕人很少有機會接觸異性。沒有條件就去創造條件，白馬王子不會從天上下來，要遇到真愛，就要大膽走出去，愛不是等來的。如果你習慣躲在自己的房間，終日在肥皂劇和網路上虛度光陰，那就只能看著別人儷影雙雙，自己形單影隻、自怨自艾。

一個人宅得久了，習慣自己跟自己相處，也就越來越不願出門，不願應酬。長此以往，跟人打交道的能力越來越差，也就越發難以將自己「推銷」出去。

學學白娘子，看中許仙後製造了多少次偶然邂逅，為了有搭訕的機會還不惜製造一

場大雨，讓雨傘為媒，成功的將「許木頭」收為官人。

女孩子也要主動一點，多出去走走，多參加朋友聚會，多製造街頭「邂逅」……多給自己機會，幸福的愛情自然會降臨到你頭上。

李靜因為工作忙，業餘時間還忙著學習，一直沒有機會接觸到合適的男孩。也有男孩見到她的優秀和漂亮，對她展開追求，可她對那些男孩並沒有感覺。她總是遇不到如意的男友。

有朋友「慫恿」李靜參加聯誼會、單身聚會，她很不屑，認為自己還沒有到「剩女」的程度。參加聚會？太掉身價了。

有個週末，朋友硬拉李靜去參加一個聚會。因為工作太累，壓力很重，李靜想借此放鬆一下也好，於是就去了。

在這次聚會，李靜認識了阿宇，一個瘦高而風趣的男孩。因為久坐過度，李靜感到很疲勞，阿宇幫她拿東西、照顧她。李靜問他是做什麼的，阿宇說：「賣笑的！」

面對李靜的愕然，阿宇對她解釋，他是做銷售的，每天面對客户，哪能不笑臉逢迎？所以叫「賣笑的」。李靜第一次感受到一種別有意趣的幽默。

阿宇給李靜的感覺非常特別，和職場上很多呆板正經的男同事完全不同，既幽默又認真，而且也沒有那種工作不穩定的小男孩的幼稚。這些都吸引了李靜。再後來，阿宇就成了李靜的男友。

哪怕不為尋找愛情，女孩也應該多參加聚會，借此多結交一些朋友。多參加聚會，心情也會變得愉悅，精神狀態也會隨之改變，這種狀態又會反過來影響到容貌的光彩，能增加女人獲得愛情的籌碼。

當然，出去走走也不是讓你漫無目的地四處亂走。下面我們列出了一些最易遇到好男人的愛情勝地，剩女們可不要錯過咯。

・「紅娘」飯局

朋友介紹的涵蓋面很大，通過類似「一傳十、十傳百」的傳播效應來結交新的異性朋友，無疑是立竿見影的好方法。朋友的朋友——這是大多數人遇到他們終身伴侶的方式。多參加朋友間的聚會，當你發現心儀的他時，只要有了感覺，不要不好意思，馬上讓你的朋友幫你安排一次見面，你的朋友就能立刻化身「紅娘」。

優點：朋友介紹勝在彼此間知根知底，成功率很高。至少有個傳話的，而且還有人認識他，瞭解他。畢竟，你的朋友不會把一個壞男人介紹給你吧。

・親友聚會

家庭聚會的範圍很廣泛，如親友婚禮、小孩滿月酒、生日宴會、喬遷宴會等。這些私密聚會都不乏優秀的單身男士出現，如此好機會絕對不能錯過，各位單身女人可要睜大眼睛啊。

優點：在這些聚會中，家中的長輩肯定會告訴你誰的兒子是幹什麼的，怎樣的出色，最重要的是他還是單身，有可能還會加上一句「你們倆挺合適的」。此時，倘若你對他有一點好感，不要錯過，立馬叫親戚介紹吧。

・工作場所

這是近一半的人遇到他們終身伴侶的方式。如今隨著社會分工與人際交流的擴大化，不管是公司同事，還是你的客戶關係、供應商、合作夥伴等等，都是你選擇與考察的機會之一。同辦公室的男女常因過於熟悉而缺乏吸引力，把眼光放遠，不同部門、分公司的同事、客戶和供應商，以及一切有工作關係的單身男人。

優點：同一個工作場所，通常在同一個辦公樓內，生活習慣、收入水準不會差太多，而且大家又有共同的話題。

・單身俱樂部、聯誼組織

城市中有這樣的一些人，他們無所謂有沒有固定的牽頭人，也無所謂聚會的對象是不是熟識，卻同樣嚮往著遇到意中人。「紅男綠女」、「六人晚餐」、「八分鐘交友」或者商家「VIP會員俱樂部」都是不錯的選擇。不那麼直接地以相親的面目出現，而是提供單身社交的機會。即使你沒有碰到意中人，也可以結交到好朋友，說不定以後你的終身伴侶就是他們介紹的。

優點：能選擇這種方式說明你們最少有一點相同：共同的愛好、接近的社會層次，這些都有可能讓你遇到滿意的他。

・商務聚會

慈善晚會、新品發佈會、某某周年慶、畫廊酒會等等。這些你經常必須去又不見得有什麼新意的地方。為什麼不從無聊、重複的工作程式中抬起頭來，看看有沒有合眼的。可以主動自我介紹，交換名片，留下你的連絡方式，讓他可以找到你。

優點：同一個圈子的人彼此理解起來會容易些。

・充電課堂

在充電課堂中，你會發現不少同齡的男性，他們不一定有車有房，但都與你有著相同的興趣愛好，抱著勤奮踏實的上進心態，並且正在一步步地為實現目標而努力著。這些人大有可能是事業與家庭兼顧的「潛力股」。

優點：學校曾經是個好地方。畢竟，在充電課堂裡你遇到的同學可能跟你有類似的背景和興趣，年齡相仿的比例也比較高。當然也有和你有同樣目的的男士，那不更好。

・婚介機構，相親大會

相親並不丟人，如你還羞於被熟人碰見，你就落伍了。現代社會參加相親大會的女性人數已經遠遠超過男性，且成功率頗高。所以，你不妨帶上你的小姐妹或「親友團」，大大方方地相親去吧！

優點：找婚介要根據實力、資質、服務、口碑這四方面綜合衡量。通過一家好的婚介公司，借助「紅娘」這樣的「婚姻經紀人」來找對象，就能起到事半功倍的效果。

男人追求，女人「引誘」

很多時候，女人們都會遇到這種情況，他愛你，你也愛他，可是究竟該由誰來挑破這薄薄的一層紙呢？此刻，男人和女人都在打著自己的小算盤。對於女人來說，主動，或是被動，哪一種選擇更有利呢？有些女人選擇了被動等待，就像古代那個守株待兔的老農一樣，也許那隻兔子會直直地衝向你，你能不勞而獲，但是成功的機率並不比彩票中頭獎高。還有一些女人以飛蛾撲火之姿將愛的繡球擲在了男人頭上，也許你真的贏得了愛情，這自然值得慶祝一番，但是並不排除一種可能，就是你的主動雖然最終使你們確立了戀愛關係，但你卻始終處於一種被動的地位，為了維護這段得之不易的愛情，你可能會小心翼翼，如履薄冰。

有些女孩子對男生太好時，很容易把自己放得很低，甚至如同奴僕一般。但是試想，有幾個男人會想著去征服自己的奴僕呢？

男人追求的目標，是遠遠超過自身的存在，是看起來自己追求不到的女人。所以要想他對你感興趣，一味對他好是沒用的。必須用些辦法，激起他的征服欲。你為男人關上了一扇門，就要再為他開一扇窗。用你自己的方法，暗示這個男人可以來追求你。可以偶爾約會一兩次，讓他知道你雖然很多人追，但是潔身自好的。讓他知道雖然你身處喧囂之中，但自己還是安靜的。以及讓他知道，你會給所有人機會，但最終等待的是個執子之手與子偕老的人。

最終目的就是要讓他知道，你是他的目標，但不是一個可以輕易征服的目標。而這種目標，恰恰是最能夠激起他的喜愛，欲望和鬥志的，能讓他用盡力氣來追求你。

戀愛中的男女扮演著不同的角色，男性使盡渾身解數攻城掠地，進退有度，女性控制戀愛火候，使男性保持不斷進攻的態勢，讓男女關係的互動體現得淋漓盡致，和諧美好！儘管當今社會戀愛態勢日趨多元化，但無可爭議的是，男攻女守——即男性主動追求，女性挑選接受，仍然是絕對的主流。

這裡說的「男攻女守」並非指女性靜靜等待，不做任何反應以應對男性來進攻。殊不知，征戰沙場的勇士雖不懼怕失敗，但他會害怕你的拒絕讓他顏面無存。如果你對某位異性有好感，高調和主動反而會嚇跑男性，沒有一個男人會覺得被女人追到手是件值得驕傲的事。

美國著名兩性情感專家約翰・格雷在《男人約會向北，女人約會向南》一書中提示，戀愛階段男女約會的全部要義在於：對男人來說，需要從一點一滴的小事做起，顯示他對女人的興趣與關心；而對女人來說，則需要大方地接受他的示愛、他的付出，並且從這些過程中發現自己是不是真心喜歡他。所以，「男人追求，女人『引誘』」是最佳的情愛策略。

如果你的暗示沒有引起男人的興趣，那這個男人多半對你沒有愛意，再怎樣的努力也是落花有意流水無情。男人天生喜歡征服，得不到的東西才是最好的。欲擒故縱是獵殺男人最好武器。即使你特別喜歡他，也不要低聲下氣，落入塵埃般的去苦苦乞求愛情。女性以「引誘」回應男人的追求，是非常令男人興奮的。因為男性總在不斷地尋找機會證明他能給女性幸福。同時，男性的追求也讓女性感覺到，有人正在努力地討她歡心。這不僅使女性快樂無比，也讓男性體會到追求成功的樂趣。在這方面，女性的默默接受好比是提供了一片肥沃的土地，使男性興趣的種子得以成長。你只需做出允許追求的姿態，把追求的主動權交給男性，這種主動式的被動，會讓他追得有成就感，他就會更珍惜你。

張小嫻說過：「女人的追求其實只是用行動告訴這個男人，請你追求我！意思是拉開架勢，垂下魚線，願者上鉤而已。」而男人們津津樂道的是「以為是我勾引了你，誰知中了你的美人計」。

很多女性總是抱怨，為什麼不停地付出，換來的卻是男人冷漠的表情和更多的背叛？關鍵就在於她打破了男人主動、女人被動的情愛遊戲規則，剝奪了男人征服女人的天性。如果女人總想方設法取悅男人，滿足男人的每個需求，男人不僅少了那層神秘感，還會在潛意識中要求女人：「你還可以為我付出更多」。長此以往，女人一味付出，男人一味索取，男人的主動性變為徹底的被動性，女人的愛情悲劇就不可避免地發生了。女性朋友們不妨製造出一定的距離和空間，給他某種不確定感。讓他花費更長的時間，更深入地關注這段感情，如同大樹的根系深深地紮入大地，這樣也是為你們將來有可能的婚戀生活打下穩固的基礎。

萬事萬物就是這樣相生相剋，女人越柔弱，男人越剛強；女人越神秘，男人越好奇；女人越躲躲閃閃，男人越主動出擊；女人欲拒還迎，男人反倒迎頭趕上。有句話說得好：男追女，隔層山；女追男，隔層紗。但大多數男人不怕翻山越嶺，因為中間的千難萬險反倒讓他們感覺到其樂無窮；紗很薄，大多數女人卻不願主動揭開那層紗，因為聰明的女人知道，神秘的面紗要由男人來揭開才更加驚心動魄，更加出神入化，浪漫迷人。

從「相親」到「相愛」並不難

大凡到了適婚年齡卻依然留在父母身邊的男女，都有過類似的相親經歷。有人說，相親等於六十分起跳的愛情。遇不到百分之百的愛情，那就找一個六十分的對象，能愛起來就好。

相親，不是現代社會選擇戀人的最佳途徑，也不是社會公眾最津津樂道的方式，但它的確為不少適婚男女創造了尋找意中人的機會。少一點功利心，多一點對愛情的期待，或許相親並不像你想像的那樣糟。

但是，相親並不是適合所有的恨嫁女的，先來做做以下測試吧：

拳擊是一種強對抗、激烈的男性化運動，但是卻也受女性的歡迎。實際上，拳擊比賽中最令人欣賞之處，便是在於將對手擊倒的那一瞬間的快感。但相反，在拳擊賽上下賭注是需要冷靜的。只有保持清晰判斷的人，才能贏得賭局的勝利。而這種心態和人們在相親時仔細觀察對方的心態是相通的。我們這個測驗，就是借拳擊賽來診斷一下你是否適合相親結婚。你在觀看一場拳擊比賽時，希望看到在哪個回合決出勝負？

1第一回合便決出勝負。

2第五回合決出勝負。

3一直打完比賽。

答案選1的人：如果以一百分為滿分的話，那麼你的相親適合度只有四十五分。由此看來，你並不適合相親，大概是由於生性比較急躁的緣故吧。但急性子的你一旦聽到婚姻專家說「今年再不結婚的話，要等十年才有下一次緣分」時，就會迫不及待地四處相親，幾個月之後便火速結婚，這個個性如果不改的話，要小心婚姻變成悲劇呀。

選2的人：不肯冒險去賭冷門，只走可靠路線的你，對相親也持相同態度。因此，你的相親適合度高達八十五分。雖然你的適合性很高，但紅娘的功夫也在一定程度上對你相親成功的機率有影響。

選3的人：你在參加相親之後會考慮良久，最後可能還是會以一句「你太完美了，我配不上你」來拒絕對方。或許你本人對相親不甚熱衷吧。這也是無可奈何的，所以你的相親適應度只有二十分而已。雖然你現在還很年輕，來日方長，但經驗告訴我們，等到想相親時已來不及的例子不少，所以還是好好考慮吧。

當然這個測試只能作為參考，最重要的是你的內心排不排斥相親這種古老的形式。一些女孩對於相親存在偏見，面對父母安排的相親經常故意讓對方難堪，來擺脫相親。這樣的方式並不可取，每個人都有追求真愛的權利，不認可這種形式，但也沒必要去傷害他人。

很多女人覺得相親不夠浪漫，內心非常排斥。但是，如今的生活方式和狹小的生活圈子確實讓我們很難遇到心儀的對象。相親時代不可避免的來臨了。相親類電視節目、相親網路平台、相親聯誼會……

我們的身邊出現了形形色色的相親形式。其實，相親只是一種讓你快速找到心儀對象的途徑，雖然不及邂逅那般浪漫，但我們需要去珍惜每一個機會。

「前世的一千次回眸，才換來今生的一次擦肩而過；前世的一千次擦肩而過，才換來今生的一次相識；前世的一千次相識，才換來今生的一次相知。」漫漫人海，誰知道哪個才是自己的Mr.Right，既然你們因各種因緣機遇被安排見面，總是有緣的，即便他不是對的人，自己也沒有什麼損失，就權當自己的人生又多一次經歷。

[第四章]

來是偶然的，走是必然的

於你，我是那轉身即忘的路人甲

從前有個書生，和未婚妻約好在某年某月某日結婚。到了那一天，未婚妻卻嫁給了別人。書生受此打擊，一病不起。家人用盡各種辦法都無能為力，眼看書生奄奄一息。

這時，路過一遊僧，得知情況，決定點化一下他。僧人來到他床前，從懷裡摸出一面鏡子叫書生看。

書生看到茫茫大海，一名遇害的女子躺在海灘上。這時，走過來一個人，看一眼，搖搖頭，走了……又走過來一個人，將自己的衣服脫下，給女子蓋上，走了……又走過來一個人，過去挖個坑，小心翼翼的把屍體掩埋了……

疑惑間，畫面切換，書生看到自己的未婚妻，洞房花燭，被她丈夫掀起蓋頭的瞬間……

書生不明所以。僧人解釋道：「那具海灘上的女屍，就是你未婚妻的前世。你是第二個路過的人，曾給過她一件衣服。她今生和你相戀，只為還你一個情。但是她最終要報答一生一世的人，是那個把她掩埋的人，那個人就是她現在的丈夫。」

書生大悟，從床上坐起，病癒！

書生悟道了什麼呢？

愛情要隨緣。相識是一種緣分；你們彼此相愛，也是一種緣分；你們最終不能走到一起，也是一種緣分。

千里姻緣一線牽。一對有情人從相遇到相知，從相知到最終相戀相依，或許僅僅緣於一個微笑、一次偶遇，有時甚至會是一個錯誤——一個美麗的錯誤。於是，他們牽手人生路，相伴風雨行。

人們常說：「緣，妙不可言。」

何為緣？

世間萬事萬物皆有相遇、相隨、相伴的可能性。有可能即有緣，無可能即無緣。緣，無處不有，無時不在。你、我、他都在緣的網路之中。常言道：「有緣千里來相會，無緣對面不相識。」

萬里之外，異國他鄉，陌生人對你哪怕是相視一笑，這也是緣。也有的雖心儀已久，卻相會無期。

要走的人你留不住，就如裝睡的人你叫不醒

人這一輩子不可能只愛上一個人，對感情的忠貞和專一也不等於盲目堅持或是固執己見。該失去的東西早晚都會失去，既然是錯誤就不要再苦苦支撐。放開握緊的手，讓那不該屬於自己的感情隨風而去，這也能還自己一片清新自然的天空。當對一個人寄予過高的希望，你的愛就成了一種壓力；當對一段感情過於執著，你的內心就會變得偏激甚至癲狂。

所以，人要有放手的胸懷，要有改變現狀的勇氣，更要有重新尋找真愛的信念。俗話說，人不能在一棵樹上吊死。更何況我們的生活本來就是一片充滿生機和希望的大森林，何必對那些不值得的人過分執著，而讓自己輸掉了整片森林呢？

在一次朋友的聚會中，阿娟偶然認識了一個男孩。兩個人一見如故，很快

便墜入了愛河。三個月後，兩個人開始了同居生活。

起初，兩個人的感情發展得很順利，男朋友對她也是特別寵愛，兩個人經常在一起暢想甜蜜的未來。比如買多大的房子，生幾個孩子，有時候兩個人一邊討論著一邊相擁著笑作一團。這是阿娟第一次正式交男朋友，也是有生以來第一次品嘗到愛情帶來的滿足和幸福。在她的內心早已篤定，男友就是她今生一定要嫁的人，所以她把自己所有的希望都寄託在這個男人身上。

但隨著兩個人相處的時間越來越久，彼此的缺點和毛病也都顯現出來了，由此矛盾和爭吵也出現了。隨著爭執越來越多，男友對她逐漸冷漠了。有一天，阿娟回家時竟然看到男友正在收拾行李準備搬出去住，她趕忙上前阻攔，可最後還是眼睜睜地看著男友甩門而去。出門前男友告訴她，他們兩個人不合適，所以還是分手吧。

坐在空蕩蕩的房間裡，阿娟的內心感到了從未有過的恐懼和孤獨。她就是想不明白，一直相處得很好的兩個人，怎麼能隨隨便便就分了呢？她覺得自己的生活裡不能沒有男友的陪伴，她也相信男友還是愛她的。於是，執著的阿娟決定到男友上班的地方去找他。

也許是對方故意不願意見她，阿娟在外面足足等了一天也沒有看到男友的身影。就在她精疲力竭的時候，她收到了男友發來的簡訊：「娟，我已經不愛你了，所以我希望你不要再來打擾我的生活。祝你幸福！」

看了簡訊，阿娟像瘋了一樣咆哮著：「怎麼能說不愛就不愛了呢？我不信！我不信！」她哭著飛奔回了家，一頭倒在床上哭了一晚上。等情緒逐漸平靜下來，她又開始思考起他們的問題。她覺得既然是真愛就不應該隨便放棄，即使因為一些矛盾讓兩個人之間暫時出現了隔閡，但只要堅持，他們也一定能夠和好如初。所以她決定再次到男友現在住的地方去找他。

走在路上，她的腦海中一直計畫著讓男友回心轉意的各種方法，必要時甚至可以以「死」相逼。可當她走到男友家的樓下時，卻被眼前的一幕驚呆了：她看到男友正在和一個女孩甜蜜地抱在一起。阿娟覺得自己整個人都快爆炸了，她不顧一切衝了過去，狠狠地搧了那女孩一耳光，並對她大喊：「為什麼搶我男朋友？為什麼搶我男朋友？」

突如其來的一記耳光，讓兩個人都嚇呆了。待緩過神來，男友憤怒地將阿娟推倒在地上，並惡狠狠地對她說：「你有病啊？不是早和你說清楚了嗎？你怎麼還糾纏不放呢？看把我家寶貝打的……哎喲，親愛的，還疼不疼，快讓我看看。」而倒在地上的阿娟看著他們如膠似漆的樣子，再一次瘋狂地撲向了他們……

因為推搡和爭鬥，當阿娟走在回家路上時已經是衣冠不整、頭髮凌亂了，臉上和身上也都沾滿塵土。她就像是丟了魂，覺得心裡空空的，已經完全看不到生活的希望。於是，她想到了自我了斷。她坐在河邊的長椅上，心中感慨萬千。她真的已經很累了，只想就這樣跳進水裡結束自己的生命，讓自己從這痛苦中解脫出來。可她似乎又缺少一點勇氣，所以在河邊呆呆地坐了很久。

做清潔的大嬸似乎看出了阿娟的情緒有些異常，於是趕緊過來坐在了阿娟的旁邊，語重心長地對阿娟說：「小姑娘，雖然大嬸不知道你遇到了什麼事，可人活著不管遇到什麼事都得往正面想。你看你那麼年輕漂亮，你的未來一定會很美好，更何況你還有爸爸媽媽和那些愛著你的人，你可千萬不能做傻事啊！」

聽了大嬸的話，阿娟撲進大嬸的懷裡，號啕大哭了起來。

愛情是生命中非常重要的組成部分，可是，不管愛情有多重要，它也不能成為生活的全部，更不能因為它而斷送自己未來的幸福，甚至結束自己的生命。有些人註定是我們生命中的過客，如果他們選擇了離開，則只能說明他們不值得我們去珍惜。讓自己重新抖擻精神，繼續上路去尋找真正屬於自己的幸福，這何嘗不是一種對自己負責的表現？不要執著於某個人而不肯放手，最後弄得兩敗俱傷，甚至把自己逼到了絕境。

在羅丹第一次見到克洛岱爾時，就愛上了她。這一半由於她那帶著野性的美；另一半則由於她罕見的才氣。而同時，克洛岱爾也主動地向這位比自己年長廿四歲的男人，敞開了自己純淨和貞潔的少女世界。這完全是由於羅丹的天才吸引了她，因為男人的魅力就是才華。

羅丹的一切天性都從屬於雕塑——他炯炯的目光、敏銳的感覺、深刻的思維，以及不可思議的手，全都為了雕塑而生，而且時時刻刻都閃耀出他超人的靈性與非凡的創造力。

雖然當時羅丹還沒有太大的名氣，但他的才氣已經咄咄逼人。於是，他們很快地相互征服。正當盛年的羅丹與洋溢著青春氣息的克洛岱爾，如同疾風暴雨，烈日狂潮般，一同擁入他們愛情的酷夏。同時，羅丹也開始了他藝術創作的黃金時代，而克洛岱爾不過是青澀的學生。對於克洛岱爾來說，她所做的，是要投身到一場需付出一生代價的殘酷的愛情遊戲中去。

這是一場賭博。因為，羅丹有他長久的生活伴侶羅絲和兒子，但是已經跳進漩渦而又陶醉其中的克洛岱爾不可能回到岸邊重新選擇。她和他只得躲開眾人視線，在公開場合裝作若無其事的樣子，尋找任何一個可能的機會，一點空間和時間，相互宣洩無盡的愛與無法克制的欲望。從學院小路到大理石倉庫，到鶯歌路的福里納布林別墅，再到佩伊思園……在工作室幽暗的角落裡、在躺椅上、在滿是泥土的地上，兩個人沉浸在無比美妙的情愛中。

羅丹曾對克洛岱爾說：「你被表現在我的所有雕塑中。」

可以看出，克洛岱爾不僅給羅丹一個純潔而忠貞的愛情世界，還給了他感悟藝術的一切。無論是肉體的、情感的，還是心靈的，克洛岱爾給羅丹的太多了。後來，羅丹名揚天下，克洛岱爾卻一步步走進人生日漸昏暗的陰影裡。克洛岱爾不堪承受長期廝守在羅丹生活圈外的那種孤單與無望，這種感覺竟糾纏了她十五年，最後精疲力竭，頹唐不堪，終於離開了羅丹，遷到一間破房子裡，離群索居。

她拒絕在任何社交場合露面，天天默默地鑿打著石頭。儘管她極具才華，卻沒有足夠的名氣。人們仍舊憑著印象把她當作羅丹的一個弟子，所以她賣不掉作品，貧窮使她常常受窘並陷入尷尬，還要遭受雇來幫忙的粗雕工的欺侮。

這期間，羅丹卻已接近成功。他屬於那種活著時就能享受到果實成熟的藝術家。他經歷了與克洛岱爾那種迎風搏浪的愛情生活後，又返回平靜的岸邊，回到了在漫長人生之路上與他分擔過生活重負與艱辛的羅絲身旁。他買了大房子，過起富足的生活，並且又在巴黎買下了文藝復興時期的豪宅別墅，以應酬上流社會那些千奇百怪、光怪陸離的人物。

這期間，還有幾個情人曾進入了他華麗多彩的生活。當然，羅丹並沒有忘記克洛岱爾。他與克洛岱爾的那場轟轟烈烈、電閃雷鳴般的戀愛是刻骨銘心的。他多次想幫助她，都遭到高傲的克洛岱爾的拒絕。他只有設法通過第三者在中間迂迴，在經濟上支援她，幫助她樹立名氣，但這些有限的支持對於克洛岱爾而言，都是一種屈辱，是一種更大的傷害。

在貧困與孤寂中，克洛岱爾真正感到自己是個被遺棄者了。這種感覺對於她而言如同刀子，往日的愛與讚美也都化為了怨恨。她本來激情洋溢的性格，逐漸變得消沉下來。

一九〇五年克洛岱爾出現妄想症，身體很壞，脾氣乖戾，狂躁起來會將雕塑全部打碎。一九一三年三月三日克洛岱爾的父親去世，克洛岱爾已經完全瘋了。她脫光衣服，赤裸裸披頭散髮地坐在那裡。

克洛岱爾從此與雕刻完全斷絕，藝術生命就此完結。一九四三年，她在蒙特維爾格瘋人院中去世。

在瘋人院裡保留的關於克洛岱爾的檔案中註明：克洛岱爾死時沒有財物，沒有任何有價值的文件，甚至連一件紀念品也沒有留下，克洛岱爾自己也認為羅丹把她的一切都掠走了。那麼克洛岱爾本人留下了什麼呢？卡米爾．克洛岱爾的弟弟、作家保羅在她的墓前悲涼地說：「卡米爾，你獻給我的珍貴禮物是什麼呢？僅僅是我腳下這一塊空空蕩蕩的土地？虛無！一片虛無！」

面對逝去的感情時，許多人都只看到了它曾經的美好，只有被這樣的感情弄得遍體鱗傷時才明白，原來愛情不僅僅只有美好的一面。其實，誰能保證一生只愛一個人，分手是再正常不過的事情。面對失戀，如果總深陷其中，總想做最後的掙扎，甚至認為自己不能生活得幸福，那麼誰也別想幸福，在這種念頭下，做著最瘋狂的事情。這些都是再愚蠢不過的行為。

人這一輩子就像是一條河流，在險灘的時候，你遭遇了激流，因此，你便學會了在日後的風雨中如何搏擊。成長就是這樣一種經歷，當蛻皮的痛苦漸漸淡去，你擁有了重新去愛的能力，蛹化成蝶的日子也就不期而至了。

走不進的愛情就在下一個路口轉彎吧

俗話說：「天涯何處無芳草。」這句話並不是說一個人應該花心，而是提醒人不要在一份不屬於自己的愛情上迷失，應該移開自己的目光，去尋找那個真正屬於自己的人。

棠景是個癡情的女孩，上大學的時候她就愛上了同校的江濱。為了贏得江濱的好感，棠景幫江濱洗衣服，買生活用品，江濱每次參加校內的籃球賽，棠景都會去看。雖然江濱告訴棠景自己還不想戀愛，但棠景相信，只要自己真心付出就能等來江濱的愛。

離開學校後，江濱在市內一家公司做技術工程師，棠景為了能夠和江濱在一起，毅然放棄了父親在家鄉為自己找的工作。她下班後經常去江濱公司附近等他，有時週末還主動煲湯給江濱送去，可是落花有意流水無情，終於有一天，江濱告訴棠景，他有女朋友了。這個消息讓棠景無法接受，她哭過、鬧過，可事實終究無法改變。再後來，江濱與女友結婚了，棠景的希望徹底落空了，她帶著滿心的痛苦回到了家鄉。在沒有江濱的城市裡，棠景依然無法忘記這個自己深愛著的男人。無論誰給她介紹男友，她都斷然拒絕……直到遇見了徐正。

徐正是個畫家，棠景是在一家咖啡店裡與徐正相識的。他們第一次見面的時候，徐正送了她一幅畫，就是棠景在咖啡館裡沉思的一幕。那一次，她竟然感覺被關注是如此幸福……經過幾個月的相處，棠景發現徐正和自己如此投緣，而且和他在一起的日子漸漸使自己忘記了曾經的不快樂。

不論一個男人有多麼優秀，多麼有才華，多麼讓你難以割捨，但是他不愛你，他的心不在你這裡，就算他有一萬個優點，「不愛你」也成了他最大、最不能原諒的缺點。失去這樣一個男人，根本沒什麼值得難過和惋惜的。

生命不需要無謂的執著，渴望真感情是允許的，渴望有人陪伴也是無可厚非的，但愛情不是單相思，你的一相情願只能給被愛之人帶來負擔，如果他被迫接受，那麼兩人只能同時痛苦。你喜歡一個人，但他不一定會喜歡你，愛情僅存於兩人之間。愛的專一，是指那種被接受的愛，而不是不被接受的愛。如果是後者，還是早點放棄的好。

杏子與男友交往期間，平淡如水。兩年內，兩人外出約會的次數更是屈指可數。男朋友既不殷勤也不浪漫，有時藉口說忙，一兩個星期不打電話也是常有的事。但是，愛情沒有道理可言，即使是這樣，杏子仍然是全心全意地愛著他。

在漫長的等待中，在一次又一次的失約中，杏子哭過，氣過，也怨過。但是，男朋友一旦邀約，她還是會收拾好淚眼和心情跟他出去。朋友都勸杏子放手，為一個不懂得珍惜自己的男人如此付出，實在不值。因為朋友們都看得出，男方並不珍惜這段感情，遊戲的心態明顯。但杏子卻捨不得，對自己的愛情抱著幻想，以為他不忙的時候就會在乎自己了，以為他們的愛情會出現轉機的……

就這樣，一拖再拖，又是兩年過去了。青春也在一次又一次的空等中，傷心落淚中漫漫消失，直到後來男方主動以不願耽誤她為由，分手了。分手後不久，杏子由於不再辛苦等待，心情也不再被人所牽繫，再加上朋友的勸導，她慢慢地想通了，整個人也變得豁然開朗了，心情一好，氣色也跟著紅潤許多，她回想起之前的自己，才發現當時的愚昧，而現在又是何等的輕鬆快活。

當一個你深愛的男人離開你時，你感覺自己的小世界在瞬間崩塌了，在心情跌落到谷底的同時，天空也隨之變得灰暗。這個時候，如果你能很快調整，咬牙挺過最煎熬的那幾天，你會驚訝地發現，原來自己的人生依舊精彩，抬頭是晴空萬里，前方是花紅柳綠，之前失去的根本不是整個世界，而不過是一個不愛自己的男人罷了。

是的，有許多人註定是你生命中的過客，擦肩而過的瞬間，他也許會帶給你短暫的快樂，但他卻不是那個能與你攜手共度一生的人。

得不到，就放手

在生活中，當愛成為彼此間的一種束縛時，一定要學會放手，給彼此充分的自由，這樣才能在對方面前保持起碼的自尊，才能讓愛成為生命中的一種永恆的美麗。

怡珊曾經是個堅強勇敢的女孩，很多朋友甚至稱呼她為「男人婆」。

上中學時，有一次上體育課練習跳遠，因為落地時沒有站穩，她重重地摔在了地上，鮮血頓時從頭頂上流了下來，染紅了她的上衣。老師慌忙將她送到醫院，大夫在她的頭頂上縫了好幾針。所有在場的人都嚇壞了，可是，怡珊在整個過程中竟然沒有掉一滴眼淚。

大學軍訓時，有一天在野外露營，一條小蛇意外地闖入了營地。女生們嚇得四處逃竄，很多男生也都躲得遠遠的。可怡珊彷彿不知道什麼是恐懼，她慢慢地走過去，輕輕地抓住了蛇的頸部，然後把牠放在了距離營地很遠的一棵大樹上，嘴裡還喃喃地說道：「小傢伙，以後不要亂跑了。」

怡珊的第一份工作，是在一家規模很小的公司。由於公司剛剛起步，為了節約成本，公司的每一名員工都要親自去送貨，怡珊像男同事一樣，搬著大大小小的箱子東奔西跑。

就是這樣一個勇敢堅強，天不怕地不怕的女孩，卻在感情面前敗得一塌糊塗。在怡珊廿六歲生日那天，男友向她提出了分手。這是她第一次經歷感情的挫折，那種難以忍受的痛苦徹底將她擊垮了。

她也曾試圖去挽救這份感情，也曾無數次撥通男友的電話，可不管她如何苦苦哀求，男友都沒有回心轉意。她把自己與男友的合照全部掛在屋子裡的牆壁上，每天把自己關在房間裡呆呆地看著這些照片，時而哭時而笑。她把他們以前甜蜜的經歷，寫成了一部十幾萬字的筆記，並郵寄給了男友，希望以此來感動他，可最後男友連一眼也沒看，將本子撕了個粉碎。

她在以前經常和男友約會的小公園裡，呆呆地望著那些熟悉的花花草草，回憶著他們過往的點點滴滴，隱約之間還覺得男友就在她的身邊。她精神恍惚地在那裡待了兩天兩夜，等到被公園的保潔員發現時，她已經暈倒在花壇邊了，可嘴裡依舊呼喚著男友的名字，依舊不停地念叨著：「我捨不得，真的捨不得……」

後來，她聽到了男友即將訂婚的消息，又一次崩潰了。但是這一次，她沒有哭也沒有鬧，而是表現得異常平靜，平靜得讓人感到害怕。她一個人來到了酒吧，喝得酩酊大醉。她給男友發去一條簡訊：「我在咱們以前常去的酒吧等你，如果今晚你不來，也許以後你再也沒機會見到我。」

可是最終，男友還是沒有來。她給男友寫了一封信，交給了酒吧的服務員。那封信的最後一句是這樣寫的：既然沒有未來，就讓我永遠活在回憶中吧。萬念俱灰的她獨自一人走進了酒吧的洗手間，用提前準備好的刀片，向著自己的手腕劃去。

幸好，酒吧的服務員察覺到了她的異常，提前有所防備，最終才避免一場悲劇的發生。當人們把她救下時，她手裡緊緊攥著的是他們的合影……

也許，再堅強的人，也會有弱點。無論是一段感情，還是一次機遇，錯過了就是錯過了。不管你如何痛苦和備受煎熬，不管你如何依依不捨，失去的東西也永遠不可能再擁有。總是活在過去，讓自己耿耿於懷，其實就是在自我傷害。

人不能總是盯著失去的東西，也不能緊緊地攥著那些曾經的回憶不肯放手。既然已經不再屬於你，既然已經不可能再挽回，你再去苦苦相逼又有什麼用？你再念念不忘甚至最後讓自己走向絕境又能有什麼意義？難道這已經註定的結局會因你的痛苦而發生改變嗎？生命不就是這樣嗎？遇見了，一路相伴，那個人教你學會愛，學會生活，學會付出，學會幸福。即使他走了，你還有追逐幸福的權利，還要學會繼續尋找愛，付出愛，獲得愛。

不是每一朵花都能夠如期地開放，也並非每一朵開過的花都能結出果實來。對於感情來說，當你愛一個人而得不到回報的時候，在你付出千般努力也無法得到一個許諾的時候，在你因愛而受傷的時候，千萬不要再繼續與自己較勁了，要學會放手，給彼此自由。否則，帶給你的只有無盡的痛苦和煩惱。

普希金是俄國著名的民主主義戰士，也是俄國歷史上極為有名的詩人，深得廣大人民的喜愛。可是，一個才華橫溢的生命，卻在一場愛情的變故中消失，幾百年來，仍然讓人感到惋惜。

一八二八年，普希金在一個舞會中認識了十八歲的娜達利婭。這位漂亮的女孩子猶如剛剛開放的玫瑰，嬌豔欲滴，清香誘人。多情的普希金見到之後魂不守舍，認為這就是自己尋找陪伴終生的另一半。當場向娜達利婭求婚，但遭到了拒絕。普希金並沒有因為這次的失敗而退縮，開始了漫長的追求過程。終於在一八三〇年的時候實現了心中的夢想。才華出眾的普希金和傾城傾國的娜達利婭結合，得到了朋友們的祝福，認為這是郎才女貌的天作之合。

結婚之後，普希金陶醉在了幸福之中。而向妻子表達愛意的方式就是他視之為生命的詩歌。可惜，妻子對他的才華並不感興趣，柔情的詩句在她聽來和枯燥的公文一樣乏味。

有一次，幾個朋友來普希金家，朗誦普希金寫過的詩歌，娜達利婭只是禮貌地聽著，客氣而又冷漠地說：「朗誦你們的吧，反正我也不聽。」她對詩歌的冷淡讓朋友們面面相覷。

普希金雖然滿腹經綸才高八斗，可是妻子卻只是貪圖物質享受，愛慕虛榮。兩個人在一起，很難找到共同語言。當普希金把這位貌若天仙的女子娶進門後，幸福的日子持續了沒有多長時間，就被娜達利婭無盡的欲望折磨的疲憊不堪。

為了維持妻子體面的生活，普希金在短短的幾年之內就欠下了六萬盧布的巨額債務。高額的債務把這位浪漫的詩人壓得抬不起頭來，頻繁的應酬使他喪失了寶貴的寫作時間。

他在給朋友的信中寫道：「對生活的操心使我沒時間感到寂寞，我已經沒有單身漢時的自由自在地用來寫作的時間了。我的妻子非常時髦，這一切都需要錢。而錢我只能通過寫作來獲得。而寫作需要幽靜，單獨一人……」

然而，作為家庭主婦的娜達利婭卻從不關心丈夫的感受，繼續出入於各個交際場中，享受著糜爛的生活。

娜達利婭看到當初崇拜不已的丈夫是一個窮光蛋之後，開始了對他漫長的抱怨。後來感到這位只懂得長吟短歎的詩人無法再支撐她所需要的生活之後，便和一個軍官打得火熱。

妻子的變心讓自尊心很強的普希金無法接受，決定採用西方特有的方式，和那個軍官決鬥，捍衛自己的愛情和尊嚴。

在一八三七年一月廿七日，兩個人的決鬥在彼得堡外的黑山進行，在決鬥中，普希金的心臟停止了跳動。他的死，讓朋友們感到十分的傷心，也讓俄國的文學史上失去了最燦爛的明星。

愛情是美好的，人類幾千年的歷史留下了許多讓人熱淚盈眶的悲歡離合。一個個美麗的傳說激勵鼓舞著我們在情感的道路上尋找一份內心深處的幸福。可是，命運總是喜歡捉弄感情豐富而又十分脆弱的人們，小心翼翼地呵護著的情感，瞬間化作了過往雲煙，留下一個個孤獨痛苦的身影在黑夜裡徘徊，巨大的心靈創傷讓多少癡情的種子暗自飲泣，痛不欲生。

生活中的我們，很可能會因為愛情的挫折，喪失了生活的信心，失去了尋求幸福的心情，過著以淚洗面的痛苦生活。在這個時候，我們應該從愛情的心酸之中，選擇一種理智的思維。情感生活是重要的，卻並不是生命的全部，我們應該及時地抽出身來，告別內心的傷痛。畢竟，生活的道路還很長，生命中還有很多值得欣賞的風景。

人生的風景並不是只有一處，在你為逝去的美景哭泣的時候，眼前可能是一幅更美的畫卷。不要沉醉於過去的情感，失去了意味著這段情感不適合你，一段更好的感情正在等待你。不向前看，你怎能看到眼前的美景？不放下過去，你怎麼會獲得自由？

人生猶如一部戲，我們每個人都是戲裡的主角，每個人都不可能把自己的角色演到極致而不留一絲遺憾，沒有遺憾的人生不是完整的人生。

放下過去，還給彼此自由，讓彼此生活得更好，這才是真正一段完美的感情。所以，當你被某些事情纏繞得心力交瘁的時候，一定要告訴自己：只有放下，才能重獲快樂和自由！

原來，你的世界我只是路過

人生的路上，愛，妙不可言。愛情是盛開在青春歲月裡的一朵玫瑰，芬芳，嬌豔。可是，有些人卻愛得身心疲憊，傷痕累累，這樣的愛情是開在深夜裡見不得陽光的「惡之花」，改變了愛情原有的面貌和滋味。

愛上一個不該愛的人，為什麼我們還要愛呢？明知他有家室，給不了自己未來，卻依然不管不顧的投入他的懷抱，自己的行為無異於飛蛾撲火，結局是可想而知的，有的時候說自己愛他就足夠了，不要求他給你婚姻，但是沒有未來的愛情是不可能圓滿的，為何要用愛情的名義來傷害自己呢？

陸文斯基沒有進入白宮實習以前，柯林頓就是她崇拜的偶像，有朝一日能與美國總統柯林頓同在白宮工作，是她人生最嚮往的事情。然後，她成了白宮實習生，終於有一天，她見到了風度翩翩的柯林頓，那時，他是美國歷史上最年輕的總統，柯林頓第一次見到了陸文斯基時，也是對她的美貌「眼睛一亮」。

就是這「眼睛一亮」讓陸文斯基「想入非非」整夜失眠，她總是主觀地想，總統其實對她有意思的，於是，在她第二次因工作見到總統時，對他開始放電，她愛上了他。

柯林頓感覺到了陸文斯基與眾不同的眼神，很快他們相愛了。但是，很快，柯林頓就將她忘了，她被迫離開了白宮。

陸文斯基痛苦得發瘋，把事情與一位同在白宮工作的同事說了出來，那同事又找到了媒體。很快，全世界都知道了。柯林頓開始否認他與陸文斯基有染，但最後在事實面前，他不得不承認。

柯林頓為此陷入政治危機。但是，他的妻子希拉蕊此時挺身而出，事後，柯林頓繼續風光地做他的總統，沒有人指責他的不是，但這件事留給陸文斯基除了罵名，沒有一點好處。

人的一生會面臨很多選擇，有些事情可以做，有些事情不可以做。愛情也是一樣，有些愛情是不被允許的，一個自尊自愛的人不會去做第三者。女人要管住自己的心，理智地控制感情，不要淪為感情的奴隸。自己的青春沒有必要浪費在一段陰暗的愛情中，不做第三者，既是尊重別人，也是尊重自己。不必徘徊於這樣的戀情，只有屬於自己的感情才會讓自己幸福一生。當女人遇到錯誤的戀情時，聰明的女人懂得放手，懂得從第三者的隊伍中把自己拯救出來，懂得忘掉傷痛，去尋找屬於自己的愛情。

愛情在沒在，並不妨礙你是否幸福

在很多人眼裡，愛情是他們人生中很重要的一件東西，他們可以為了愛情放棄事業，放棄親情，放棄友情，甚至放棄自己的生命。順治皇帝在自己的愛妃去世以後，看破紅塵，出家為僧；羅馬尼亞國王卡羅爾二世曾經為了愛情兩次放棄王位，帶著心愛的人流亡國外。可見，愛情的力量是很強大的。

然而，英國哲學家培根說過：「過度的愛情追求必然會降低人本身的價值。一切真正偉大的人物，沒有一個是因為愛情而發狂的人，因為偉大的事業抑制了這種軟弱的感情。」可見，在培根眼裡，對一個人來說，最重要的東西是事業，而不是愛情。愛情的確可以帶給我們幸福和快樂的感覺，但是，我們也應該正確地對待愛情，正確地認識它在我們人生中的地位。即便沒有愛情，我們也應該讓自己過得幸福、快樂！

紫杉是一個美麗聰明的女孩子，上學期間學習成績一直都很好，是老師和家長眼中的乖乖女。上大學期間，因為父母經常告誡她不要談戀愛，還是學習比較重要，乖巧的紫杉聽從了父母的勸告，大學期間一直沒有談過戀愛，把時間和精力都用在了學習上。因此，每次考試紫杉都拿一等獎學金，每年都被評為優秀大學生。沒有愛情的大學生活，紫杉過得也很充實，很開心。

大學畢業以後，紫杉進了一家外企工作。從紫杉剛進公司那天起，公司一個叫林的男生就被清純、美麗的紫杉吸引了，於是，稱得上是情場老手的林對紫杉展開了追求。紫杉從來沒有談過戀愛，加上林又很善於甜言蜜語、溫柔體貼的「伎倆」，不久，兩個人就開始交往了。

可是好景不長，林漸漸厭倦了紫杉，覺得她太不成熟，還沒交往多長時間她就吵著要去見家長，還總是絮絮叨叨說一些結婚生子之類的話題。林覺得自己還年輕，不能就這樣被一個女人套住一輩子，於是，他和紫杉提出了分手。

聽到林這個決定的時候，紫杉當時的感覺真如五雷轟頂，這個打擊太大了，她幾乎把自己以及自己的未來都寄託在林的身上了，如今他卻提出分手，還說什麼大家都是成年人了，很多事情不必太當真。紫杉一下子就病倒了，整整半年的時間，她的意志一直都很消沉，想起那段經歷就覺得痛不欲生，工作、也早就辭掉了，整天把自己鎖在房間裡，茶飯不思，親人朋友怎麼勸說她都聽不進去。到最後，一米七多的紫杉居然瘦到了七十多斤。就這樣大約過了七八個月，紫杉終於醒悟了，她覺得自己不應該為了一段不美好的感情和一個不負責的人而折磨自己，於是她開始大口地吃飯，開始製作簡歷，開始找工作。

找到工作以後，紫杉把自己的全部精力都投入到了工作中，她的事業很快就有了小小的成就。每天下了班她都要去健身房健身，週末的時候和同事們去逛街，或者回家陪陪父母，放長假的時候就去旅遊，出去走走，看看不一樣的風景和人，放鬆一下自己的心情。最後，紫杉發現，沒有愛情的日子也很快樂和幸福，她感覺到了久違的輕鬆和自在，也漸漸找回了曾經的自信。紫杉很享受自己現在的單身生活，她也不再去刻意追求愛情，她想什麼時候緣分到了，自己一定會遇到適合的那個人。

沒有愛情的生活，照樣可以很幸福。沒有愛情就享受自由的快樂和親情的溫暖。沒有愛情的日子同樣可以成為我們獨特的值得珍惜的人生經歷。

不是每個人都那麼幸運，可以早早地就遇到那個和自己兩情相悅，能夠陪伴自己走過一生的人。沒有愛情的日子，我們也可以讓自己的生活充滿陽光，愛自己，愛親人，愛朋友，去幫助需要幫助的人，自尊、自愛、自信，這也是一種幸福的人生。

沒有愛的日子裡，不妨從事業中尋找快樂。愛只會給人帶來精神上的愉悅，而事業卻能給人帶來精神和物質上的雙重收穫，可以帶給我們成就感和安全感，它同樣會讓我們生活變得幸福、充實、快樂！

[第五章]

談戀愛
有什麼了不起，
有本事我們結婚

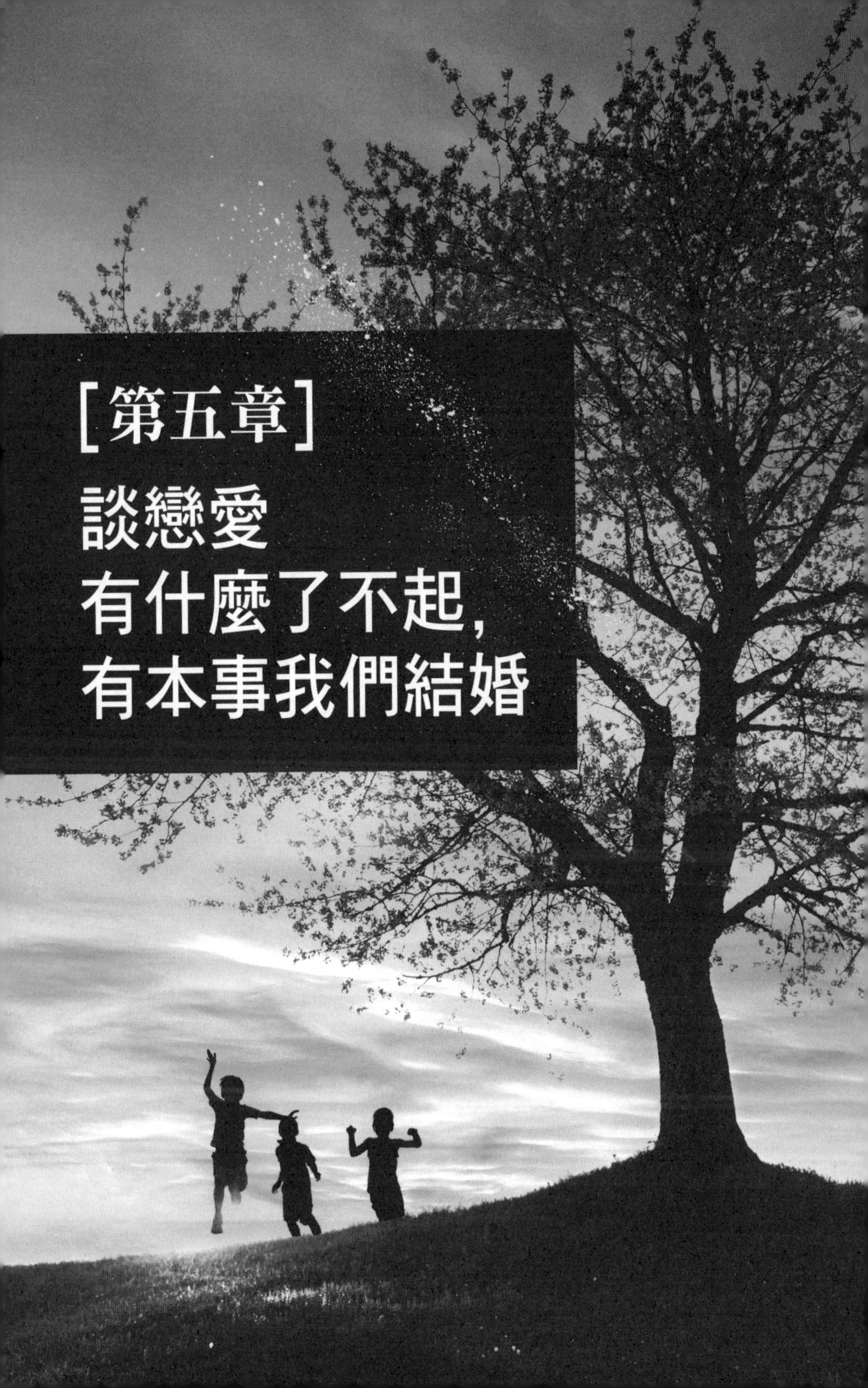

塵埃裡的花再漂亮也不能摘

張愛玲說：「女人在愛情中生出卑微之心，一直低，低到塵土裡，然後，從塵土裡開出花來。」

因為愛，她覺得胡蘭成高貴、偉岸，覺得他是世間最好的男子，他的一切無人企及。遇到了他，她一次次地放低自己，把自己看成一朵渺小的花。他若看到了，她便心生狂喜；他若沒有低頭，她便永遠地埋在塵土裡。

一個充滿才情的女子，一個冷傲倔強的靈魂，在遇到了所愛之人時，竟沒有了飛揚與高傲的脾氣，生怕自己做得不好而失去他；從上海跑到溫州，低眉順眼地坐在他跟前，只為聽他說上五六個小時的話。她的低微與狂戀，讓胡蘭成勝利在握，在讚美她的時候，他一樣讚美著其他女人；與她在一起時，他也偷偷地與其他女人密會。

在這一場愛情的對決中，張愛玲輸了。她輸掉的不僅僅是所愛之人，還有那一顆高貴的心靈和從容的姿態。愛到卑微，真的不是一件偉大的事。卑微換不來愛情，也換不來平等與尊重。愛再怎麼可貴，也不足以讓女人犧牲自己，放棄尊嚴。

相比張愛玲，瑪格麗特・米切爾愛得更高貴。

瑪格麗特生來就有一種反叛的氣質。成年後的她，因為一時衝動，嫁給了酒商厄普肖，可惜這段婚姻不久便以失敗告終。與其說是厄普肖冷酷無情、酗酒成性毀了這段婚姻，不如說是瑪格麗特的婚姻愛情觀有缺陷。她太迷戀厄普肖了，簡直就是一副仰天崇拜的姿態，如此卑微的愛，助長了厄普肖的狂放不羈，他對瑪格麗特越來越不在乎。

這場失敗的婚姻，讓瑪格麗特明白了女人在婚姻中的平等性。之後，她很快重新振作起來，又與記者約翰・馬什結婚。瑪格麗特打破了當時的慣例，在門牌上寫下了兩個人的名字，她說：「我要告訴所有人，裡面住著的是兩個主人，他們是完全平等的。」更奇異的是，她堅決不從夫姓，這讓守舊的亞特蘭大社交界大為驚訝。

幸好，約翰・馬什也提倡夫妻之間的平等。與他結為夫婦，是瑪格麗特的幸運。馬什一直支持和深愛瑪格麗特，在他的鼓勵和支持下，瑪格麗特開始默默默從事她所喜歡的寫作。十年之後，《飄》正式出版，她一夜成名。

在愛情裡，同樣不卑微的還有《傲慢與偏見》裡的簡和伊莉莎白。

簡，班納特家的大女兒，雖不是商賈貴族出身，卻從不卑微。從接到賓利妹妹的信，到去倫敦為了「巧遇」賓利卻無果而歸，再到賓利上門問候卻沒有任何表示，她燃起的希望一次次地被熄滅。可是，無論她內心多麼煎熬，她看起來仍然波瀾不驚。直到賓利鼓足勇氣扔掉所有的客套與禮貌，大聲表達他的愧疚與歉意時，她露出了笑容與感動。在一個貴族男子面前，她沒有自卑，不哭不鬧，端莊溫柔，堅守著「無論你是誰，我還是我」的淡定，著實令人敬畏。這一點，她跟簡．愛有相似之處，不同的是，她的氣質裡更多的是淡雅。

伊莉莎白，班納特家的二女兒，個性迷人。在那個只能靠嫁個有錢男人改變自我價值的年代，她堅守著自己的愛情觀，不因出身平平而趨從權貴，也不用金錢衡量愛情，在傲慢的達西面前，她沒有絲毫的自卑與怯懦。

愛得軟弱而卑微的女子，永遠不可能成為幸福的女人。因為她給自己掛上了卑微的名字，在感情裡是一副討好的姿態。可惜，這樣的姿態，只能換來對方的冷淡和忽視。你愛得越是卑微，越會加速他離開你的步伐，甚至盡可能地調動並利用你的愛，壓榨你的金錢、柔情和各種社會資源，從中獲益，再將你一腳踢開。

無論愛情還是婚姻，都需要平等和尊重。每個女人都該做心理上的女王，而不是灰姑娘。哪怕你再愛一個人，哪怕他真是高貴的王子，也要保持理智的頭腦，保持一份做女人該有的驕傲，不要過分殷勤，也不要急於討好。愛得不卑不亢，才能贏得男人的愛和尊敬，才能掌握愛情的主動權。

不是他驚豔了你的時光，而是你活出了精彩

她嫁了有錢人。從此，她不用每天起早貪黑地奔波在路上，不再因為上司陰沉的臉小心翼翼，也不再為了吃穿家用而發愁；老公每天賺來大把的錢供她消費，保姆幫她料理好所有家事，她穿梭在商場、美容院和家之間，用打麻將消遣時光。

生活很安逸，可再舒適的日子，過久了也不免會乏味。尤其是，自己三十歲了，丈夫公司新進的職員，都是二十幾歲的女孩。曾經，丈夫誇讚她漂亮、能幹，可現在他們之間的話題越來越少，就算穿著再昂貴的衣服，丈夫也不過是看上兩眼，一句讚美的話也沒有。出席活動時，她只能聽到丈夫對業內那些成功女士的恭維，聽到他向自己介紹，那女人多麼了不起……她心裡很失落，甚至湧起了自卑。她不知道該怎麼表述這些心情，只會在回到家後大發脾氣。

一哭二鬧三上吊，起初還有點效果，可用得多了，丈夫也習慣了，任她無理取鬧，自己躲清靜去了。

她覺得要窒息了。終於有一天，她收拾好行囊，一個人離開家，去了陌生的地方。她以為，見不到自己，丈夫會很著急，會給她打電話，會給她的朋友打電話，四處詢問。可惜，這只是她幼稚的幻想。丈夫是打電話過來了，可說的是公司忙，這兩天不回去了。在陌生的城市裡，她覺得很冷。她住進一家最昂貴的酒店，想著自己第二天四處走走。

這樣的旅行，實在不開心。平日裡出門，都有司機接送，不用操心路該怎麼走。現在，一切都要靠自己了，她分不清東南西北，拿著地圖發呆，卻看不懂。有人跟她搭訕，她嚇得心慌。最後，只得搭計程車，去了當地的名勝，而後又搭車去了機場。

作家亦舒說：「女人經濟獨立，才有本錢談人格獨立。如果在經濟上依賴男人，就只能感歎一句：娜拉出走後，不是回來就是墮落。」終於回來了。可是，望著眼前的大房子，她的心又沉下去了。她覺得很諷刺，自己就像是透明蜜罐裡的蝴蝶，透過玻璃看外面一片光明，可實際上卻無路可走。

或許，這就是現實版的「娜拉出走」，她與《玩偶之家》裡的女主人公沒什麼區別，一個喪失了獨立生存能力的女子，她的生活可想而知。

在愛情裡，女人需要好自為之。你的主角永遠是你自己，他的出現，只是因為你選擇了他。不管他是誰，陪你走到哪兒，你都要讓自己的戲隆重地演下去。就算他離開了，你缺少的也只是一個錦上添花的男配角，那份來自生命深處的掌聲，那份給予自己生存和幸福的能力，始終在你手裡。

生活裡，還有一些女子，像是一株攀緣的凌霄花，借著愛人的高枝炫耀自己，以為這一生的幸福就是「我是誰的誰」。可惜，誰的誰不代表什麼，誰的誰也不那麼重要，女人的未來，自己決定。

生活的故事總能被寫進小說，小說的故事總在生活裡上演。

亦舒在《我的前半生》裡，寫了一個叫子君的女人。她畢業後就嫁給自己的丈夫，平靜地度過十五年之後，丈夫有了外遇，要離婚。回想十五年的婚姻生活，她除了消遣娛樂帶孩子，什麼也沒做。沒有社會經歷，沒有工作。

十五年後，韶華逝去，愛人背叛，一切該怎麼收場？丈夫已下定決心不回頭，唯有自己站起來，才能重新開始。重生是痛苦的，要打破原有的習慣，要去融入新的環境。可人是萬物之靈，一番掙扎之後，她在殘酷的現實裡找到了一方自己的天地。

再次與前夫在街頭相遇時，她已經煥然一新。沒有傷心感懷，沒有淒淒切切，勇敢地抬著頭，走著自己的路。大步行走的她，沒有濃妝華服，沒有多餘的飾品，只有一件白襯衫，一條牛仔褲，一個大手提袋，頭髮挽在後面，從頭到腳散發著優雅自然的神態。她的背影，讓前夫都感到留戀，他覺得自己當初做錯了選擇。

多年前，魯迅先生就用一篇《傷逝》告訴世間女子：無論遇到什麼樣的情況，最重要的是獨立。有獨立的經濟能力，有獨立的思想，才能獨立生存。女人不能永遠做一個依附在橡樹上的常春藤，因為生活時刻在變化。女人要做一株木棉，作為樹的形象與他站在一起，根相握在地下，葉相觸在雲裡，分擔寒潮風雷霹靂，共用霧靄流嵐虹霓，彷彿永遠分離，卻又終身相依。

人潮擁擠，相遇不易就別互相傷害

在婚姻生活中，夫有夫的缺點，妻有妻的不足。如果總是揪著對方的缺點與不足，那麼這樣的婚姻會問題不斷，無法長久。金無足赤，人無完人，夫妻間要學會求大同存小異，學會尋找對方的長處，學會包容和欣賞對方。

出嫁前一夜，母親語重心長地對她說：「世上沒有圓滿的婚姻，你要記著他的好，包容他的壞。」

沉浸在幸福與興奮中的她，嘴上說著知道，可其實心裡並未真的明白。或許，許多事都如此，他人的教誨只當是一句話，唯有親身飲下那杯水，才知冷暖，才知鹹淡。

日子一天天過去，那份興奮與激動早已淡化。三年後的某個夜晚，她終於

「爆發」了。

勞累了一天的她，回到家裡想喝一口熱水，卻發現飲水機上的水桶，早已乾涸；坐在沙發上，本想躺下來歇會兒，卻看見了他的襪子團成一團在那兒扔著。她說了太多次，髒衣服放進髒衣簍，可他像是聽不見。凌亂的臥室，凌亂的客廳，凌亂的廚房，凌亂的心……

做晚飯時，她不小心把手切了，鮮血直流。她眼淚止不住地往外冒，一肚子委屈。她索性關了火，把切了一半的菜丟在案板上。她沖洗了一下傷口，到藥箱裡找藥。路過梳妝鏡時，瞥見一張憔悴而充滿怨氣的臉。她覺得，婚姻就是愛情的墳墓。

房間裡沒開燈，她一個人坐在黑暗中。九點鐘，他加班回來，嚇了一跳。他打開燈，跟她開了句玩笑，之後又問：「晚上吃什麼？」說著，往廚房走去。

她面無表情地說：「我為什麼要做飯？這樣的日子我受夠了。我想離婚。」

他在廚房裡炒菜，喊著：「你說什麼？我聽不見。」

她又重複了一遍。這一次，他聽見了。

他走出來，問道：「好好的，怎麼說這個？」

她冷笑著說：「好好的？你覺得好，有人給你洗衣服做飯，有人跟你一起還房貸。可我覺得不好，我累了，不想這麼過了。」

第二天，她把離婚協議丟到桌上，讓他考慮。之後，她就回了母親家。

一周之後，他打電話給她，說同意離婚。只是，想跟她一起吃個飯。他的聲音有點低沉，能聽出些許的傷感和無奈。她以為自己得到這個結果會如釋重負，可沒想到心裡卻湧起一陣難過：「他就這樣不吵不鬧地同意了？」

他們相約在一家湘菜館。幾天不見，他瘦了，鬍渣讓下巴看起來略微發青。他拿出那份離婚協議，給了她。她的眼淚在眼眶裡打轉，從今以後，真的要各奔天涯了嗎？

「好了，點菜吧！上一天班，這會兒肯定也餓了。」他的語氣柔和了許多，眼神彷似戀愛時那般溫柔。她對服務員說：「一份水煮魚，一份香辣蝦。」這兩樣菜，是她平時最愛吃的。

他笑著說：「能不能給我個機會，點個我喜歡吃的。」

「你不愛吃這個嗎？」她覺得很奇怪。

「你忘了，我是上海人。我喜歡吃甜的。在一起這麼多年，我一直吃的都是自己不太喜歡的東西。可是，你喜歡，我也就跟著吃了。」他笑著說。

她的心像刀絞一樣疼，一種愧疚和自責湧了上來。這些年，她從沒有主動問過他喜歡什麼，她以為只有自己在付出，可誰曾想到，他竟然每天都在還就自己。

他說：「離婚之後，這裡的東西都歸你，我只帶走幾件衣服。」

她臉上掛著眼淚，問：「你要去哪兒？」真的要告別了，她再也控制不住自己。她只想著，離婚後自己要怎麼過，卻從未想過他要怎麼過。

「我想回上海。我的父母年歲大了，身邊也沒人照顧。每次與你全家一起吃飯的時候，我都很想念我的父母。只是，你喜歡這個城市，你的家在這裡，我才留下來。你以後自己過，肯定辛苦，所以我把這裡的一切都留給你，房貸還有一部分，我會繼續還。」他不像是要離婚，更像是要遠行。

她心裡很自責，也很不捨。這個與她從相戀到結婚一起走過六年的男人，一直隱忍著各種不愉快，包容著各種不完美，在離婚時還在替她著想。她為自己的言行感到愧疚，她說：「你為什麼不早點告訴我？」

「唉，我不想讓你操心，也不想讓你改變什麼。」

「你……可以不走嗎？」她哭著說。

最後，他們牽手從餐廳走出。此時，她忽然想起母親當年說的那番話：記著他的好，包容他的壞。回家的路上，她想到那個有點髒、有點亂的家，沒有了厭煩，有的只是溫暖和思念。

每一對夫妻能夠走在一起，也就證明他們曾經是互相欣賞的。可是，為什麼隨著婚姻生活的開始，那些原本相愛而欣賞的人，變成了怨偶，相互看對方不順眼呢？

處於熱戀中的男女，因為沒有朝夕相對的時光，沒有柴米油鹽的瑣事，缺點顯露得也不那麼明顯。可在結婚以後，隨著在一起時間的增多，日常生活瑣事的增多，所有的缺點都會暴露無遺。這個時候，如果不懂得相互理解和包容，一味地指責和抱怨，無限地放大對方的缺點，戴著有色眼鏡去挑剔對方，那麼幸福感和默契感自然就消失了。

境由心生，心自澄明質自潔。每個人的幸福都是從心開始的，能否從婚姻中享受到幸福，關鍵在於心態。因為心態決定做法。如果一個女人的心中有愛，她就不會抱怨她的另一半，而是去欣賞對方的優點，用寬容的心去接納對方的缺點。

在美國馬里蘭州曾經發生過這樣一個幽默故事，一個女人在報紙上刊登廉價出讓丈夫的廣告，一時之間，引起很多人的關注，事情是這樣的：

露易絲・亨勒爾的丈夫查理・亨勒爾只喜歡旅遊、打獵和釣魚。每年從四月開始他便離開家，外出去釣魚或探險，直到十月初才回來，整整半年都在外頭遊蕩，把不喜歡外出的露易絲一個人扔在家裡。

孤獨寂寞的她越來越不欣賞自己的丈夫了，甚至對他忍無可忍。她決定將丈夫廉價賣掉，於是刊登廉價轉讓丈夫的廣告，並在廣告上附加了許多優惠條件。收購她丈夫的人可以免費得到他全套打獵和釣魚的裝備，還有丈夫送給她的牛仔褲一條、長筒膠靴一雙、T恤兩件以及里布拉杜爾種的狼狗一條、自製的曬乾野味五十磅！

廣告登出以後，社會譁然，很多女士都打來電話詢問詳情，其中有很多人誠摯地索要她丈夫的聯繫方式。這讓原本認為這樣糟糕的丈夫是沒有人要的露易絲大感意外。於是她詢問了她們的購買理由。

有人說，她的丈夫喜歡冒險，是一個真正的勇者，這樣的男人有安全感，可以依靠；也有人認為她的丈夫崇尚自然，懂得生活情趣，和這樣的男人在一起生活一定會豐富多彩……各種理由似乎證明這樣的男人簡直無處尋覓。露易絲聽完她們的理由，仔細地想了想，這些確實是丈夫的優點和魅力，只是自己沒有發現而已。她不禁慶幸自己還沒有將丈夫賣出去，否則就會永遠失去這樣的好男人了。

露易絲立刻去報紙上登了這樣一則小廣告：「廉價轉讓丈夫事宜，因為種種原因取消！」

查理・亨勒爾從外地釣魚回來，知道了自己差點被妻子廉價處理的事後，忍後不禁地問妻子，最後怎麼會改變主意？露易絲充滿柔情地說：「如果我把你賣出去了，我又能從哪兒再買一個你這麼好的丈夫回來呢？」倆人相視而笑，彼此的心裡都充滿著幸福的味道。

露易絲從那些想要購買她丈夫的女人那裡重新認識了自己的丈夫，找回了欣賞與愛。他們的故事也告訴我們，愛其實是一種細心的發現。我們必須學會從不同的角度去欣賞那個與自己相守一生的愛人，因為唯有這樣，我們才能保持愛的溫度，攜手走完我們漫長的一生。

再美的花也要等到合適的季節，再濃的情也要有些許的距離

在通往幸福的路上，誰都渴望有心愛之人的陪伴。可是，有些人能一同抵達幸福的終點，有些人卻在中途分道揚鑣。

在愛情的旅途中，到底兩個人該怎樣相扶相攜才能走得遠呢？愛是需要距離的，戀人之間不可能時刻都親密無間，否則愛情之花就會凋謝。只可惜，女人總是後知後覺，很多道理都要等到受傷後才會明白。

女人很愛男人，為他放棄了出國的機會，為他拒絕了高富帥的追求。每天上班，自己在公司裡的大事小事總要第一時間告訴他。下班時，她會提前開車到他公司門口，兩人一起吃晚飯，然後戀戀不捨地分別。誰都看得出，女人對男人的愛很深，可男人心裡卻有說不出的苦。

男人總是對朋友說，不在一起的時候會想她，可在一起的時候卻又很煩她。週末我想去打球，她卻纏著我陪她逛街；下班我想跟哥們聚聚，她卻非要跟著，不讓抽煙，不讓喝酒，特別掃興。好幾次，男人想提出分開一段時間，可話到嘴邊又咽下，他知道女人對自己是真心的，他也怕錯過了這個美好的眼前人。可是，她的愛，實在太沉重了。

兩個人雖然還在一起，可明顯跟過去不太一樣。他變得沉默寡言，冷冷淡淡。她問什麼，他只是輕聲應和，沒表情，沒心情。可一聽女人說要出差幾天，他卻變得很殷勤。女人懷疑，他愛上了別人。她沒有吵鬧，而是轉身去找了他最好的朋友。她知道，如果有什麼事，他一定知道。

朋友笑著對她說，是她太多疑。他之所以高興，是覺得「自由」了。男人需要放養，愛情需要留白，他有自己的交際圈，有自己的「地盤」，你把索要愛情的觸角伸向了不該伸的地盤時，他只會覺得你不可理喻。

她似懂非懂。朋友問她，聽過兩隻刺蝟的故事嗎？她說沒有。

一對刺蝟在冬季戀愛了，為了取暖，緊緊地擁抱在一起。可是，每一次擁抱的時候，牠們都把對方扎得很疼，鮮血直流。可即便如此，牠們還是不願意分開。最後，牠們幾乎流盡了身上所有的血，奄奄一息。臨死前，牠們發誓：

「若有下輩子，一定要做人，永遠在一起。」

上天被牠們的愛感動了，決定成全牠們。來生，牠們轉世做了人，並永遠地在一起。他們每天朝夕相處，形影不離，每時每刻都黏在一起，可他們一點兒都不幸福。因為，他們是連體人。

她半天沒有說話，陷入沉思。想想他以前過的生活，自由支配自己的時間，做自己喜歡做的事，不用事無巨細都要向她彙報，偶爾喝點小酒，抽根煙……現在，似乎那些愛好都被剝奪了，而自己卻從未問過他想要什麼，希望他怎麼做。或許，她真的需要換一種方式去愛了。

當女人給予的愛讓他們感到過分沉重的時候，他們便會想到逃離。「享受」愛情也會變成「索取」愛情，兩個人的感情再也沒有最初那般純美。男人是獨立的個體，而不是女人的私人物品，他們有自己的交際圈，也有自己的「地盤」，當女人把觸角伸向了不該伸的地盤時，男人只會覺得女人不可理喻。

愛情是甜蜜的，但它也有秉性，這就如同仙人掌，它明明不需要太多的水分，而你卻因為「愛」拚命地澆灌，結果可想而知。想要呵護自己的愛情，就必須掌握愛的秘訣，那就是適當地保持距離。真正的愛是有彈性的，彼此不是僵硬的佔有，也不是軟弱的依附。相愛的人給予對方的最好禮物是自由，兩個自由人之間的愛，擁有張力，這種愛牢固而不糾結、纏綿卻不黏滯。沒有縫隙的愛是可怕的、令人生畏的，愛情在其中失去了自由呼吸的空氣，遲早會因窒息而「死亡」。

距離產生美感，彼此間有一點距離的張力，才能營造出一種朦朧之美，才能將兩人的心拴得更緊。距離美要求我們對愛堅持「半糖主義」，雙方注意保持一定的距離，給彼此留出空間和自由，這樣的愛才會持久，不致令人厭倦。

曾有人說過：「整天做廝守狀的夫妻容易產生敵視與輕視情緒，毒化婚姻的品質。」再美的東西看久了也會膩，相愛的兩個人也需要適時地保持一點距離。這份距離，不一定是地理上的距離，分隔兩地，而是彼此在心靈上要有一點空間。

如果你愛上一個人，請給他一點獨立的空間和隱私的自由吧！讓愛像風箏一樣在天空中飛翔，只要你握緊了手中的線，在需要時把他拉回來，讓他靠近你，這份愛就不會跑掉，而會更長久。

沒有彼此珍惜，何來一生浪漫

很多人希望經歷轟轟烈烈的生活，很多人想擁有海誓山盟的愛情，可生活不是在演戲，那些跌宕起伏扣人心弦的情節大都也只能出現在電影裡。現實生活總是平淡如水，可是沒有人因為水的平淡而厭倦飲水，也沒有人因為生活平淡而摒棄生活。所以，平平淡淡的生活，就是對真愛最好的詮釋。

平淡讓我們可以真實地面對生活，既不刻意追求虛無縹緲的幻覺，也不刻意修飾真實存在的瑕疵。笑看落花，靜觀流水，仰望蒼穹，人生就是在這種平淡中度過的，而人生的精彩絢麗也恰恰藏於這份平淡之中。

真愛用不著什麼華麗誇張的表示，有一顆真心，一片真情其實就足夠了。真愛，就要經得起時光的蹉跎，經得起平淡的洗禮。它不是虛偽的浪漫，不是乏味的庸華，而是飯前的柴米油鹽，飯後的攜手散步，是出門前一個熱烈的擁抱，睡前一個溫暖的擁吻，更是在那時光的長河中至死不渝的相依相伴、相知相守。

吃晚飯的時候，王楠坐在餐桌前沒好氣地對蘇建說：「你知道今天是什麼日子嗎？」

突然的發問，讓蘇建有些措手不及，想了半天也沒說出答案。

「今天是七夕，中國的情人節，虧了你還讀那麼多年的書。」王楠埋怨道。

蘇建翻了下日曆，然後笑著說：「果真如此，可那又怎麼樣呢？」

「我們同事小李，今天收到了一大捧玫瑰花，她男朋友送的。」王楠羨慕地說，「據說，一共有九十九朵玫瑰花，表示天長地久的意思，多浪漫啊！」

蘇建沒說什麼，笑了笑。

「還有阿蘭，據說前幾天被求婚了，一想到這個我就生氣！」王楠氣沖沖地說。

「人家被求婚你生什麼氣？」蘇建不解地問。

「人家去的是摩天大廈最頂層的豪華餐廳，開始阿蘭並不知道男友要向她求婚，直到服務員把求婚蛋糕送了上來，整個餐廳也同時響起了浪漫的音樂，她未婚夫這才跪在她的面前，掏出了戒指。聽說這個驚喜讓阿蘭流了很久的眼淚。」

「這不是很好的事嗎？你幹嗎要生氣？」這下子蘇建更不明白了。

王楠瞪了蘇建一眼，沒好氣地說：「你想想你當年向我求婚去的哪兒？我公司樓下的麵館。一起在麵館吃過晚飯，就隨隨便便說了句『咱結婚吧』，當時我也是年幼無知竟然答應了你。可現在想一想，當時連個戒指都沒有，我可真是虧了啊！」

蘇建聽了她的話，不禁哈哈大笑。

王楠已經習慣了蘇建的這種「無賴」，也沒心情再去和他計較什麼，總之在她心裡已經認定，自己這輩子也不可能有機會享受這種浪漫的幸福了。

王楠每週三都會去舞館學習拉丁舞，為的只是讓自己身材更好一些。這一天晚上下課時，突然下起了雨，而王楠卻沒有帶雨具。她站在舞館門口猶豫了很久，正準備打電話向蘇建求援時，卻在滂沱的大雨中看到了蘇建的身影。

「你怎麼想到來接我？」王楠好奇地問。

「你沒看下雨了嗎？」蘇建一本正經地說。

「那你又怎麼知道我沒帶傘？」

「你平時總是粗心大意的，一個三天兩頭出門都會忘記帶鑰匙的人，會想到出門帶傘？我們在一起十幾年了，還有誰比我更瞭解你呀！」說著，蘇建把她攬到臂彎裡。

王楠的心裡頓時湧起一種莫名的溫暖。

回到家之後，王楠發現廚房的鍋裡似乎在煮著什麼。

「我給你煮了黃豆芝麻粥，一會兒洗完澡喝一碗吧。」蘇建溫柔地說。

「為什麼要給我煮這個？」

「你平時嘴饞，也只有每週三跳完舞才會想到減肥的事，回家來總是不吃東西。這樣對身體不好，我查了一下食譜，這個粥能美容瘦身，而且營養也很充足。所以你喝一點既不會發胖，對身體也有好處。」

王楠被蘇建的話感動了，心裡有一種酸酸的感覺。

「你平時都不會做飯，這個粥你是怎麼煮熟的？」

「不是有食譜嗎？再說，給你煮東西吃，再難我也能學會！」

蘇建頑皮的樣子，簡直像個大孩子。可王楠卻沉默了許久，她第一次覺得自己的蘇建竟然那麼可愛，她也是第一次覺得自己原來是那麼幸福。

她喝了一碗粥，坐在沙發上靜靜地回味著。

婚姻中，需要激情，也需要平淡。兩個陌生的男女因為激情相愛了，因為激情結婚了，因為激情有了愛情的結晶。婚姻生活開始了，漫長而持久的生活，想保持永遠的激情，真的很難。

所以婚姻中只有平淡才是最真實最永久的，只有平淡才是婚姻生活的真諦。這份平淡中有最初的激情，有愛，有相依相偎的深情。這份平淡不是淡漠，不是疏遠，不是無情。

一些平凡的愛意，總被渴望激情浪漫的心靈忽略。愛從來沒有固定的模式，花朵、浪漫，不過是浮雜生活表面上的點綴，它們下面的平淡，才是最真實的生活，才是女人真正的幸福。

男作家說：「真正的愛情，不是電視劇演的那般抵死纏綿，不是言情小說裡寫的那般一擲千金，它只是很平淡地存在於我們的生活中，熬得住平淡的人才守得住愛情。」

女作家說：「愛情如果不落實到穿衣、吃飯、數錢、睡覺這些實實在在的生活裡，是不容易天長地久的。」

可見，深諳婚姻與生活的男女都懂得，婚姻生活就只是柴米油鹽，平淡地度過每一天，重複著同樣的事情，甚至心情都不會有多大的變化。只是，在平淡的生活背後，一絲細心的關懷，一次體貼的攙扶，卻是任何甜言蜜語和山盟海誓都無法替代的真情。愛，不只是用口說的。

日子在細水長流，生活中有甘有苦，我們愛的人也不是完美的神。總有一天，我們會有一種疲倦的感覺，覺得生活枯燥無味，覺得身邊的人沒有當初的狂熱和激情。我們會有一種失落感，我們單純的愛情已經在柴米油鹽中化成了簡單的句子，甚至是一個眼神，一個動作。我們沒有發現愛情的變化，還以為自己或對方失去了年輕的資本，以為愛情被瑣碎的生活沖的無影無蹤了。

其實愛情並沒有離開，激情也沒有走遠。我們婚姻中的愛情已經昇華，已經成熟，已經長大。

你若不離不棄，我必生死相依

愛就一個字，卻承載著太多的意義。結婚時宣讀的誓言，不是幾句泛泛的空話，那是一種承諾和責任。在愛情的旅途中，順境和逆境、富有和貧窮、健康和疾病，總是不時交替。順境時的愛很簡單，無非就是相依相伴一起幸福；可逆境時的愛很艱難，它要你頂著暴風驟雨，攙扶著伴侶不離不棄。簡簡單單的一個愛，飽含著與對方共同承擔責任和風雨同舟的信念與決心。

男人所在的那家服裝廠，因為經營不善嚴重虧損，面臨著倒閉的危機。在廠裡待了十年的他，也沒能擺脫失業的厄運。他不敢把這件事告訴她，出於自尊，也出於照顧她的情緒。

他隻字未提失業的事，可紙包不住火，她終究還是知道了。他本以為，家裡會降臨一場暴風雨，因為工友的妻子得知這個消息後，在家裡嘮叨了好幾天，嚷嚷著日子難過，沒有收入怎麼辦？可他沒想到，她卻笑呵呵地做了一桌飯菜，臉上沒有一點愁苦的神情。

他先開口了，說道：「對不起。我沒有早點告訴你。」

她笑笑，說：「沒事。過去，你一直在廠裡上班，每月到日子去領那固定的工資，什麼也不想，一心做好本分工作，你不覺得就像是一台工序簡單的機器嗎？你現在難過，也是過慣了『安於現狀』的日子，捨不得把這個『飯碗』丟了，現在情況變了，你不適應。」

他歎了口氣，說：「你說得沒錯。我只是覺得，離開了工廠，不知道該做點什麼。」

她當然明白。剛聽說這個消息時，她的腦袋也「嗡」地一下，頓時空白了。孩子要上學，老人要看病，丈夫又失業……生活的壓力擺在眼前，她不得不思量。不過，這些擔憂很快就過去了。

她一邊盛飯，一邊對丈夫說：「其實，也沒什麼大不了的。我們有手有腳，你也懂技術，我們可以嘗試自己做點事。」

「這……行嗎？」失業後的丈夫，因為情緒低落，自信心也不如從前了。

她說：「沒問題！我們一起幹，怕什麼！」

之後的幾年裡，他們兩人先後開過手工織手套作坊、製衣廠、棉紡廠，到現在，他們已經創建了一家品牌服飾公司。提及現在的成就，丈夫總說：「都是我妻子的功勞。要不是她的鼓勵，我可能就會隨便打點零工，哪兒想得到自己幹出一番事業啊！我很佩服她，一個女人能扛起家庭的重擔，還幫著我幹事業，挺了不起的。」

每每聽到丈夫這樣說，她就在旁邊笑。她說：「生活就是這樣，不可能一直順順當當，遇到麻煩和痛苦的時候，想辦法解決就是了。況且，很多看似痛苦的事，在經歷之後，會讓我變得更堅強，看事物更通透。也許，未來的人生路上還會有麻煩等著我們，但我不怕。」

面對同樣的境遇——丈夫失業，有的女人只會抱怨命運、責備丈夫，恐懼生活的艱難，在痛苦和磨難面前，想到的只是擔憂和逃避；而有的女人卻能夠勇敢地撐起半邊天，攙扶著丈夫走出低谷，找出一條羊腸小路，慢慢地拓寬生活的路。都是女人，都有柔弱的肩膀，差別只在於人心。

其實，生活的痛苦本沒那麼可怕，知道生活的難處時，生活反而更加容易。因為知道了生活的各種艱難之後，在面對它的時候就能不屈不撓，再也沒什麼困難能夠壓倒你。女人要時刻保持著微笑，對自己、對愛人、對生活，讓這份笑容裡飽含著樂觀，會在變化無常的人生路上，給你勇氣和信心。

愛情不一定要轟轟烈烈，卻一定要能在風雨中相守。很多時候，通往幸福的路很漫長，若沒有共同穿越冰寒地凍的日子，少了生死相依、相互攙扶的積澱，即便是擁有了，也未必長久。真正的愛，需要兩人共同經營，共同成長，在漫長的歲月中互相攙扶，相濡以沫。

[第六章] 人生太短暫，我沒時間總是遷就你

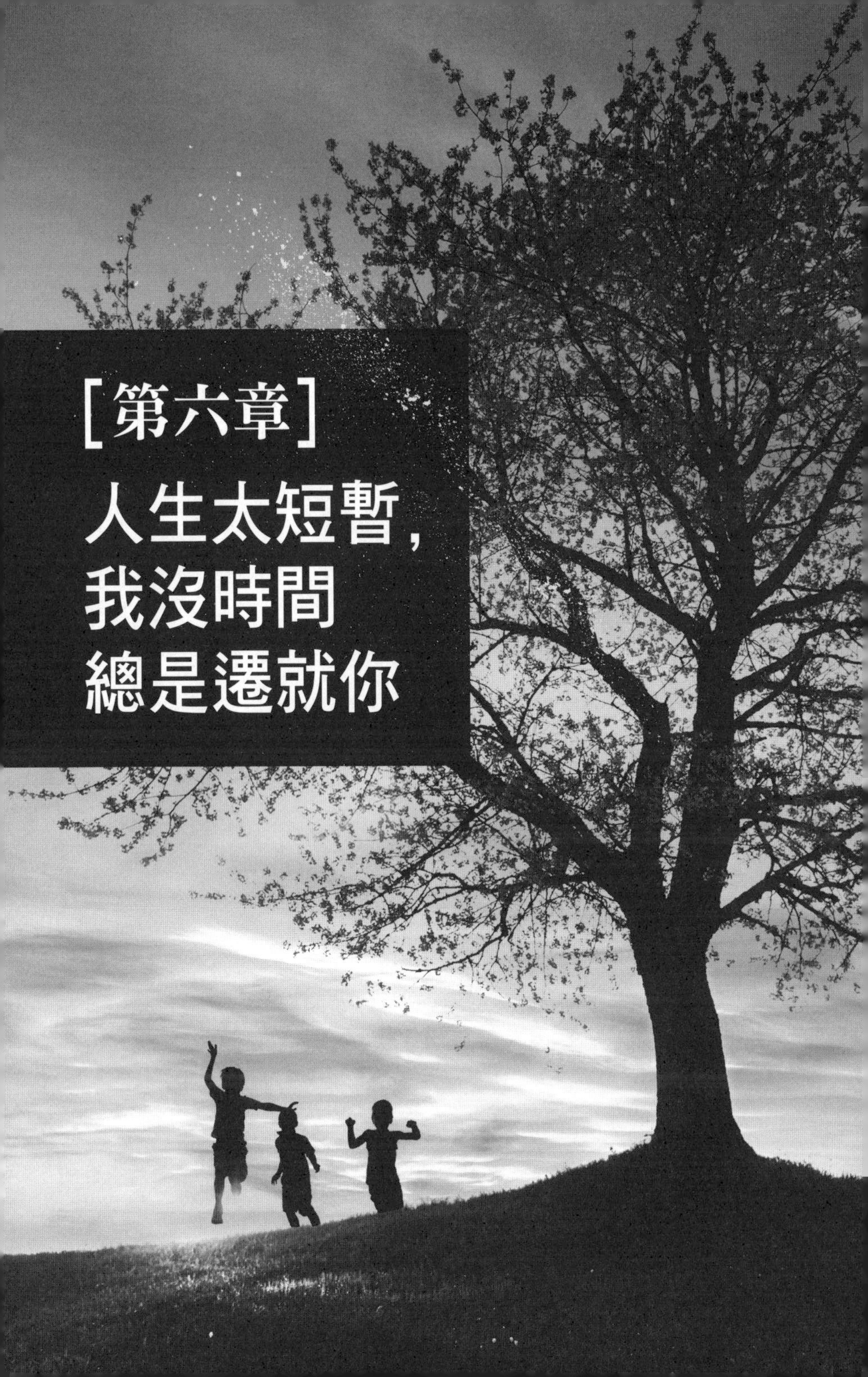

你可以不完美，但要活得漂亮

一個女人可以生得不漂亮，但是一定要活得漂亮。無論什麼時候，淵博的知識、良好的修養、文明的舉止、優雅的談吐、博大的胸懷，以及一顆充滿愛的心靈，一定可以讓一個人活得足夠漂亮。活得漂亮，就是活出一種精神、一種品味、一份至真至性的精彩。

在亨利夫婦居住的地方，有一個小花園，裡面生長著平常但鮮豔的花草，還有一個古樸典雅的小亭子，它宛如盛開在鋼筋森林中的一朵誘人的小蘑菇。從去年夏季開始，如果沒有風雨，每天傍晚這裡都有一個十三四歲的小女孩的小提琴獨奏音樂會，亨利夫婦每天都來這兒，他們習慣坐在瀰漫著花香的花園中，讓那些溫柔如訴的琴聲安撫他們的靈魂。

聽著小女孩嫻熟和富有表現力的琴聲，閉上眼睛，會以為這是一個專業的小提琴手的演奏。

小女孩長得非常漂亮，有一張精緻完美到無可挑剔的臉，身上有一種高貴的氣質。這一切真讓人忌妒。也許幾年之後，她將在某個金碧輝煌的音樂大廳的舞台上，為台下的觀眾奉獻她的藝術天才。

小女孩那些充滿靈性和質感的琴聲像一隻隻輕盈優美的蝴蝶，在花園的上空飛舞，她的周圍漸漸站滿了被她的琴聲吸引的人們，他們的目光落在女孩身上，目光裡閃爍著欣賞和感動。她的母親每次都陪在女孩的身邊，這是母親最幸福的時刻，她臉上有不加掩飾的驕傲，眼裡是無限的溫柔和憐愛。每一次，亨利夫婦都會很容易地被這溫情脈脈的一幕打動。

「如果我們女兒也像她這麼棒，我會幸福得睡不著覺！」亨利太太常對亨利先生這樣說。

去年十月，一場意外在女孩臉上留下了一道道無法挽回的疤痕，她天使一樣的美麗永遠留在了人們記憶深處。

小花園裡那些飛舞的蝴蝶無影無蹤了。那段時間，所有聽過小女孩琴聲的人都在輕歎和無奈地搖頭。

從醫院回到家中，小女孩便再也沒從家中走出來過。

突然有一天，人們又聽到了琴聲，但拉琴的不是小女孩，而是她母親。她站在女孩曾經拉過琴的地方，笨拙地拉著小提琴，琴聲聽上去粗糙且斷斷續續。她的臉上，沒有人們想像中的悲愁，她鎮定自若地用琴聲和屋中的女兒對話。

有好心人去寬慰她，她淡然一笑說：「沒什麼，臉不好了，並不意味著她不能成為好的提琴家啊！」

一天，兩天，一周，兩周，每個黃昏，母親都堅持著，用旁人不全懂的方式和女兒交流著，她是想用琴聲喚起女兒美好的回憶。偶爾，會有人看到女孩蒙著臉，在陽台上悄悄地探出頭，只望一眼母親便回屋了。

有一個醉鬼闖進了花園，他莫名其妙地朝那位母親吼道：「你的小提琴是我聽到的最難聽的！」女孩母親的眼裡第一次有了憤怒，她臉漲得通紅，一字一句地說：「我是拉給我女兒聽的，如果你嫌難聽，請捂上你的耳朵。」醉鬼開始糾纏，那些骯髒和刺人的語言讓母親傷心。這時，女孩終於走到了人群之中，她從母親手裡接過小提琴，坦然地仰起她那張不再美麗的臉，她對那個醉鬼說：「我媽媽只為我一個人拉琴，我覺得她才是世上最好的小提琴手。」

女孩從容地向圍在她身邊的人奏出了那些熟悉的曲子。在她放下小提琴時，大家熱烈地為她鼓掌。母親上去摟著她，大聲地對女兒說：「孩子，我是想讓你明白，你的臉和媽媽的琴聲一樣，不夠美，但我們應該有勇氣把它拿出來見人！」

我們既然無法改變外表，就要努力想辦法豐富自己的內心，因為重要的不是長得漂亮，而是要活得漂亮。

活得像你自己，人群中才能找到你

克里希那穆提說過：「你看，一朵百合或是一朵玫瑰，它是從來不假裝的，它的美就在於它就是它本來的樣子。」只可惜，世間許多女子沒有讀懂這句話。

她們喜歡把眼光投向外界，追逐自己所想像的那些美好的事物，而忽略自己的本性。有時，她們還會被外界的東西牽絆，不得不偽裝自己，改變自己，直到最後迷失自己。殊不知，人生最美好的禮物，就是活出真實的自己。

也許你會問，怎樣才算是活出了真實的自己？

高興了你就笑，難過了你就哭，按照自己的方式生活，不企圖變成任何人，接納不完美的自我。這就是活得真實。超級名模薩沙沒有出道時，有人問她：「你最想成為誰？誰是你的偶像？」薩沙十分篤定地說：「我沒有偶像，至少現在沒有。我瞭解我自己，我就做我自己。」這也是活得真實。

伊笛絲阿雷德太太從小就特別敏感而靦腆，她的身體一直太胖，而她的一張臉使她看起來比實際還胖得多。伊笛絲有一個很古板的母親，她認為把衣服弄得漂亮是一件很愚蠢的事情。她總是對伊笛絲說：「寬衣好穿，窄衣易破。」而母親總照這句話來幫伊笛絲穿衣服。所以，伊笛絲從小就習慣於把自己包裹在肥大的衣服裡，也越來越覺得自己肥胖醜陋。她變得非常自卑。伊笛絲從來不和其他的孩子一起做室外活動，甚至不上體育課。她非常害羞，覺得自己和其他的人都「不一樣」，完全不討人喜歡。

長大之後，伊笛絲嫁給一個比她大好幾歲的男人，可是她並沒有改變。她丈夫一家人都很好。伊笛絲盡最大的努力要像他們一樣，可是她做不到。他們為了使伊笛絲開朗而做的每一件事情，都只是令她更退縮到她的殼裡去。伊笛絲變得緊張不安，躲開了所有的朋友，情形壞到甚至怕聽到門鈴響。

伊笛絲知道自己是一個失敗者，又怕她的丈夫會發現這一點，所以每次他們出現在公共場合的時候，她都假裝很開心，結果常常做得太過分。事後，伊笛絲會為此難過好幾天。最後不開心到使她覺得再活下去也沒有什麼道理了，伊笛絲開始想到自殺。

後來，是什麼改變了這個不快樂的女人的生活呢？只是一句隨口說出的話。

有一天，她的婆婆正在談她怎麼教養她的幾個孩子，她說：「不管事情怎麼樣，我總會要求他們保持本色。」

「保持本色！」就是這句話！在那一剎那，伊笛絲才發現自己之所以那麼苦惱，就是因為她一直在試著讓自己適應一個並不適合自己的模式。

伊笛絲後來回憶道：「在一夜之間我整個改變了。我開始保持本色。我試著研究我自己的個性、自己的優點，盡我所能去學色彩和服飾知識，儘量以適合我的方式去穿衣服，主動地去交朋友，我參加了一個社團組織，起先是一個很小的社團他們讓我參加活動，把我嚇壞了。可是我每發過一次言，就增加了一點勇氣。今天我所有的快樂，是我從來沒有想過可能得到的。在教養我自己的孩子時，我也總是把我從痛苦的經驗中所學到的結果教給他們：『不管事情怎麼樣，總要保持本色。』」

女人早就該懂得一個道理：幸福的人生，就是要保持本色地生活，尊重自己。有缺點不要緊，但別刻意為了改變而改變。當然，要活出一份真實，就要從內心深處重視自己，清晰地看清楚自己的價值，珍愛與眾不同的自己。

其實，這個道理適用於每個女人。把自己視為不起眼的石頭，還是把自己視為珍貴的寶石，就是自愛與不愛的差別。一位老人的筆記本上有這麼一句話：「不必在意別人是不是喜歡你，是不是公平地對待你，更不要奢望人人都會善待你。」做真實的自己，關愛自己，不是狹隘的自私，而是一種自我實現的價值感，是真心實意地認定自己有價值，努力活出自己的風采。

愛默生說過：「你總有一天會明白，嫉妒是毫無意義的，而模仿他人更是無異於自殺。不論好壞，每個人都必須保持自己的本色。雖然廣袤的宇宙中全是美好的東西，但除非他努力耕耘那一塊屬於自己的土地，否則他絕不會有好的收成。」但願，這番話可以被每個女人深記在心裡。

唯有學會愛自己，才值得被愛

梁曉聲曾在一篇文章中寫道：「倘若有輪迴，我願自己來世為女人。我不祈禱自己花容月貌，不敢做嬋娟之夢；我想，我應該是尋常女人中的一個。那麼，假如我是一個尋常的女人，我將一再地提醒和告誡自己——決不用全部的心思去愛任何一個男人。用三分之一的心思就不算負情於他們了。另外三分之一的心思去愛世界和生活本身。用最後三分之一的心思愛自己。」

用三分之一的心思愛自己，這番話說得多麼讓人動容。可世間能夠做到這一點的女人，哪怕僅僅留四分之一的愛給自己的女人，也並不多見。尤其是在有了家、有了孩子之後，女人大部分的心思都放在了身邊丈夫和孩子身上，心甘情願地付出，無怨無悔地奉獻。

這份愛是偉大的，可卻讓女人的生命或多或少缺失了一點點色彩。當歲月日復一日帶走了那些美好的年華，再也尋不到任何蛛絲馬跡時，看到斑白的兩鬢，看到歲月在臉上刻下的痕跡，還有那些未曾實現卻始終埋藏在心底的夢之花時，有幾人可以毫不猶豫地說一句「我這一生了無遺憾」？

一位女作家在餐廳吃飯，遇到一對年輕的情侶。

女孩想喝酒，只見男孩白了她一眼，說她起哄，女孩乖乖地放下酒杯，不再說什麼。女孩想吃辣，男孩說了一句「我不吃」，女孩就沒再提，把菜單遞給了男孩。

女作家看得出，女孩很在意身邊的男孩，一會兒變身男孩的丫鬟，一會兒變身他的姐姐或母親，言語中帶著關心與體貼，同時還有一份依賴。男孩除了外表出眾之外，女作家沒覺得他有什麼特別的吸引人之處，至少在吃飯的那段時間裡，他始終擺出一副高傲的表情，言語上也絲毫不客氣。

看到眼前這一幕，女作家不禁想起不久前剛剛離婚的一位女性朋友。當年，她對愛人傾心傾力，毫無保留地付出，甚至願意為了他放棄自己最鍾愛的職業，遠離父母家鄉跟隨他去了別的城市。她的心裡只有他，處處想的都是他，對自己的生活從未靜心思索過。

就像電影裡一貫演繹的情節那般，男人出息了，卻拋棄了她。在他決意要離婚時，她還在窮追不捨地問為什麼。他給出一句冰冷的話：「不是你不好，而是你太好了，這份好讓我覺得太壓抑。」她明白，他覺得自己終日圍著他轉，厭煩了。

女作家為眼前的女孩感到擔憂，她不知道，女孩未來的生活會怎樣。可她心裡隱隱地會感覺到一絲不安，她很想走向前去告訴女孩：「不要為了任何一個男人忽略自己的存在，也不要在愛情的世界裡迷失自己。唯有懂得自愛的女人，才會擁有他人的愛，才值得被人深愛。」

如果你愛他，你就要先愛自己，如果你在乎他，就要先在乎自己。所以，女人不要再為了男人的愛，而傻傻地委屈自己了。學會做自己，做自己喜歡的，你得到的不僅是愛，而更多的是他對你的尊重。

只有做到愛自己，和其他人的關係才能真正算是一種愛的關係，而不是建立在需要、依靠、恐懼或不安全的感覺上。

與其低微地去祈求別人的愛，還不如愛自己多一點。卡內基曾說過：愛的第一步，不是如何去愛別人，而是要學會愛自己。

其實，女人愛自己是一種責任，就像愛你的家人和朋友一樣。我們只有小心翼翼地保護內心的純淨，才會給所愛的人帶來一份真誠的愛，同時也能保證家庭和事業都朝良性而又健康的方向發展，創造真正的幸福。

女人要愛自己，首先要讓自己自由，時時傾聽自己的心聲，與自己對話，誠實地面對內心深處的各種欲念。這樣，當我們置身於各種人、事、物中，才不受約束，才能完全保持平衡。當我們能用這樣的態度愛自己時，就能真正瞭解愛的意義，而且才有能力去愛他人。

沒什麼大不了的，那都不是事

荀子有云：「自知者不怨人，知命者不怨天，怨人者窮，怨天者無志，失之己，反之人，豈不迂乎哉！」

抱怨並不是一種好習慣。當我們開始抱怨，就是將焦點放在不如意、不快樂的事情上。我們說的話表明了我們的想法，而我們的想法又創造了我們的生活。這是一個惡性循環，也是一種負面的吸引力法則：你發出的抱怨與牢騷越多，你所吸引來的抱怨、牢騷和負面能量也會越多。

露易絲是一位面目清秀的女子，一天她在街上見到了多年前的一位友人貝蒂，她被貝蒂嚇了一跳，因為她完全認不出眼前的女子竟是多年前那位娉婷可人的大美女，女友卻很平靜地說：「你是不是覺得我老了好多啊。」這讓露易絲感到很詫異，她覺得貝蒂不只人老了，心也變老了。

貝蒂繼續說：「很不幸，我的婚姻出現了裂痕，最近我總是陷入其中無法自拔，雖然我和他並沒有吵架，但是我怎麼都感覺他對我越來越冷漠了，我自己也越老越猙獰、刻薄。我想讓他時時刻刻在我身邊，我不想讓他看別的女人一眼，難道是我失去魅力了嗎？我討厭這樣的婚姻，都是這樣的婚姻使我面露憔悴，無心於事。我自己都討厭這樣的自己。」

露易絲笑著說：「親愛的，千萬別這樣想，你應該找回從前那個樂觀開朗的自己。不要抱怨他，不要抱怨婚姻。也許他的確有錯，但是你的抱怨只會令他想要逃離。你不妨先放下心中的抱怨，換一個角度，站在他的立場上想想，看看是不是自己也犯下了什麼令他傷心的錯誤，好嗎？」

就這樣，雖然貝蒂不願相信自己也有錯，但還是照露易絲的話嘗試了一番。

沒過幾天，露易絲就接到了貝蒂的電話：「親愛的，謝謝你，我們和好了。原來只是一點小誤會，但是因為我的抱怨反而讓彼此都難以敞開心扉。我現在終於想明白了，女人實在不該抱怨。」

從那以後，貝蒂終於找回了從前的神采，每一天都容光煥發，活脫脫一個和以前一模一樣的大美女。

「牢騷太盛防腸斷，風物長宜放眼量。」現實就是如此，我們必須坦然面對，不能只知發牢騷，如果在牢騷中錯過了人生正點的班車，那又將會在抱怨中錯過下一次坐正點班車的機會。

正如泰戈爾所說：「如果錯過了太陽時你流了淚，那麼你也要錯過群星了。」當我們的心中充滿愛和真誠時，我們會感受到真正美好的生活。我們在愛和美的感覺中，內心會感到極大的放鬆；就不再會發牢騷，反而會調動所有的能量，向著主要目標去衝刺。

英國的心理學家研究表明，覺得自己很幸福的人群中，有百分之八十的人不會抱怨，而剩下的百分之二十的人會偶爾地抱怨。抱怨，會把人帶向痛苦的境地。所以，不要為了釋放自己的壓力而習慣性地去抱怨，時間久了，人們看到的將不再是一個有氣質的美女，而是一個幽怨的主婦。

誠品書店裡曾有這樣一條標語：「不抱怨的人一定是最快樂的，沒有抱怨的世界一定最令人嚮往。」愛自己，就要給自己一份快樂，而不會抱怨的女人是最快樂的。因此，女人趕緊把自己從抱怨中解放出來吧，給自己的人生尋找一個積極的姿態，從而讓自己更有氣質。

別忘了，你是活給自己看的

生活如人飲水，終究是自己的一種感受。你若喜歡，就努力追尋；你若開心，就別管他人的目光。始終記得，你是活給自己看的。不必為了生活討好誰，不必為了羨慕而成為誰，你就是你，獨一無二，做最真實而珍貴的自己，就是最美的女人。

《偉大的安伯森斯》和《愛麗絲．亞當斯》的作者布恩．塔金頓曾是二十世紀美國著名的小說家和劇作家。

在一次藝術家作品展覽會上，有兩個小女孩十分敬仰地請他簽名。

「我沒有帶鋼筆，用鉛筆可以嗎？」布恩．塔金頓其實知道她們是不會拒絕自己的，他僅僅是想表現一下，身為一個著名作家謙和地對待普通讀者的大家風範。

「當然可以。」女孩們爽快地答應了！一個女孩很快地將精緻的筆記本遞給布恩・塔金頓。他取出鉛筆，瀟灑自如地寫上了幾句鼓勵的話語並簽上了自己的名字。

不料，當女孩看過他的簽名之後，卻眉頭緊鎖，她仔細地觀看布恩・塔金頓，問道：「你不是羅伯特・查波斯？」

「不是，我是布恩・塔金頓，《偉大的安伯森斯》和《愛麗絲・亞當斯》的作者，兩次獲得普利茲獎。」

令人意想不到的是，這個女孩扭過臉來對另外一個女孩說：「瑪麗，請把你的橡皮借我用用。」

剎那間，布恩・塔金頓感到無地自容，所有的驕傲和自負化為烏有。

晚上回到家裡，布恩・塔金頓仍然為白天的不快感到難過。這時，他的兒子來到他的面前，給了他一個橘子。布恩・塔金頓的兒子非常喜歡吃橘子，可布恩・塔金頓本人卻很不喜歡吃橘子。於是，兒子就勸爸爸說橘子富含維生素，多吃對身體有好處。心情煩躁的布恩・塔金頓怒吼道：「再好的橘子我也不喜歡吃，因為我壓根就不喜歡橘子的味道。」

話音剛落，他突然意識到了什麼，立刻高興了起來。原來，他頓悟了一個道理：哪怕再好的橘子，也照樣有人不喜歡。人何嘗不是如此呢？

有許多心思敏感的女人，別人無意間的一句話，無意間的一個眼神，無意間的一個動作，都會讓她的心蕩起漣漪，久久不能平靜。更有心思過重的女人，別人稍有不滿的言辭，就讓她在心裡結了疙瘩，怎麼也解不開。

其實，大可不必這樣。你的價值，不能由他人來評定和證實，不管在什麼環境下，你堅信自己是對的、好的，那就行了。因為，無論別人怎樣說你，你依然還得做自己，不是嗎？生活是自己的，你有權利選擇怎樣的生活方式。按照自己喜歡的、舒適的方式生活，超脫心靈的枷鎖，才是幸福的意義。

一位《華爾街日報》中文網的女主編，沒房，沒車，沒愛情。她對同事說，像她這樣的女人，若是生活在家鄉，簡直太失敗了。我沒有房子、沒有車、沒有老公、也沒有孩子，這麼大的年紀了，似乎一無所有。可實際上呢？我覺得自己過得挺好的，所以我也不在意他們怎麼說，怎麼看。

不少人羨慕她的灑脫，問及如何才能做到不受別人評價的影響，她說出了自己的五條原則：

第一條，把自己的思想言行和自我價值區分開。別人的評價，只不過是他們對事情的看法，並不是真理，也不是不可改變的。認為對的就聽，認為不對就一笑而過。對於那些企圖支配自己的人，要堅持「你的意見跟我沒關係」，不按照他人的感情確定自己的價值，也不去跟他們解釋，或者做出反駁，有些事不說還好，越解釋越糾纏不清，不必浪費時間。

第二條，不奢望別人理解自己。自己的許多做法，別人可能無法理解，但這沒什麼大不了，也不需要他們一定理解。人的思想、修養、經歷都不一樣，不可能對別人的言行都能感同身受，如果每件事都要得到他人的理解之後再去做，那麼人生的很多時光就已經錯過了。更何況，就連我們自己也對很多人和事想不明白，可人家依然按照自己的方式活著。記住一句話，人不需要理解一切，也不可能理解一切。

第三條，不用過多徵求別人的看法，相信自己的判斷。許多事發生在你身上，而不是發生在別人身上，他們的看法不過是以他們的閱歷和認知來判斷的，根本不瞭解你的實際情況。或許，當他們置身於這些事裡的時候，他們的做法是合適的；可放在你身上，就可能剛好相反。這就跟穿衣服是同樣的道理。不同的身高、體重、氣質，自然要選擇不同的衣服，要是穿上不適合自己的服裝，就可能惹來嘲笑。如此，你會變得更加不相信自己。

第四條，不要怕被人批評。想要從別人的目光中逃離，就要做好批評甚至挨罵的準備。當你不理睬他人的評價時，對方可能會說你自以為是，狂妄自大，目中無人。不必生氣，也不必難過，這是很正常的事。世界上，那些與眾不同的人往往會遭受非議，而你不採納對方的意見，不理睬他的評價，本身就顯示你的與眾不同。

第五條，不要害怕被孤立。女人往往是害怕被孤立的，這意味著沒有人理解支持，會感到無助。不過，真理有時就是站在少數人一邊的，若因為認可自己行為的人少，就輕易地放棄，或者否定了自己，實在很可惜，也很不明智。不管你是少數還是多數，你認為對的，就該堅持，也值得堅持。

這五條原則，讓她順利地處理過許多複雜的情緒。起初是用這些話來提醒自己，慢慢地，就成了一種思維習慣和行事作風。她說，女人在自己的世界裡，就該自己做主。其實，換個更簡單的說法，想想自己是怎麼評價別人的，自己心裡的疙瘩也就容易解開了。

白岩松說：「行走在人群中，我們總是感覺有無數穿心掠肺的目光，有很多蜚短流長的冷言，最終亂了心神，漸漸被縛於自己編織的一團亂麻中。其實你是活給自己看的，沒有多少人能夠把你留在心上。」亦舒在《忽而今夏》中說：「何必向不值得的人證明什麼，活得更好乃是為你自己。」

就算你再怎麼努力，也不能都讓別人滿意

《被嫌棄的松子的一生》是日本作家山田宗樹的一部小說，後被改編成電影。故事中的女主角松子，簡直成了告誡和提醒女人要自尊自愛的典型。

故事裡有這樣一個情節：

松子的妹妹因為常年臥病在床，父親對她照顧有加，幾乎把所有的心思都放在了那個生病的小女孩身上。松子不理解，她也希望能夠得到父親的愛。一次偶然的機會，她做了一個搞怪又搞笑的鬼臉，逗得父親笑了。她試了幾次，很有效。自那以後，她便把做鬼臉當成了自己的招牌動作，遇到可怕或難堪的事情時，就會做這樣的動作。

長大以後，她依然刻意討好著周圍的人，在愛情裡更是卑微。就算被男友

大罵，每天提心吊膽地過日子，也不肯離開，還在奉獻著自己的愛。影片中說，她所給予的是「上帝之愛」，她所有的努力討好，不過是不想一個人生活。可最後呢？沒有人同情她，珍惜她。她在孤獨與可憐中死去。

真希望，每個女人都能從松子的人生悲劇裡領悟到一些東西。也許，我們不會有和松子一樣的遭遇，可那種刻意討好、用卑微的姿態博取他人好感的事情，在生活裡卻總能找得到。也許，你希望對方可以成為你的知己，所以遷就著他的每種情緒；也許，你希冀著他人能讚美自己，違心地做著自己不喜歡的事，收斂著自己的真性情。可是結果，就跟松子一樣，並不能讓每個人都對你感到滿意。

女人要跳出別人的視線，跳出別人的世界，當別人疏遠自己的時候，認真考慮：究竟是自己的問題，還是他人的問題？有錯的話就不要找藉口逃避，沒錯的話就抬頭挺胸做自己。你若只顧得討好別人，連自己都沒有了，你還如何有能力去照顧別人？

做事之前，想想是心甘情願的，還是被迫勉強的？想想現在做了，日後會不會後悔？如果是真心想去做，那麼自然會做得很好，彼此都快樂；如果自己並非出自真心，能夠付出的也有限，那就不要強迫自己。

妮可・基嫚的大名無人不知，無人不曉，這個被澳大利亞封為「國寶」的女人，高貴而典雅。初識她的時候，她站在巨星湯姆・克魯斯的身邊，只是一個小鳥依人的女人。

我非常清楚地記得，曾經看過一張照片，她穿著一襲長裙，依偎著湯姆・克魯斯，妖嬈嫵媚。長裙的一側開衩到大腿，她的一雙美腿展露無遺。當時感覺十分驚豔，看圖片下面的介紹，這樣寫著，湯姆・克魯斯和新婚妻子妮可・基嫚。

他們是公認的金童玉女，時時刻刻展現著他們的幸福，可她只是花瓶。這樣的身分，她也曾無怨地接受。雖然一九九五年的《不惜一切》，她扮演一名為了走紅，不惜教唆小情人為她殺夫的女主播，為她帶來了一項金球獎，但，依然只是阿湯哥身邊的女人。心甘情願地做阿湯哥背後的女人，她當然是熱愛家庭、以家為重的，所以一直把主要精力放在家庭和撫養孩子上面。

有的時候她也會想，如果自己能演一個很棒的角色該有多好呀，但妮可必須考慮湯姆・克魯斯的生活。她和湯姆・克魯斯之間有個約定，他們倆分開的時間不能超過兩星期，所以她錯過了很多很棒的角色。她想，和他合作的都是世界頂尖級的導演，能看著他表演就已經很幸福了。

然而結婚十年的時候，阿湯哥又愛上別的女人，昔日的金童玉女分道揚鑣。對於一直以愛情以家庭為重的妮可絕對是一個重大的打擊，當大家議論紛紛，以為將看到一個委靡不振的失婚女人時，她卻擦乾眼淚，又容光煥發地出現在公眾面前。她的絕世才華也是她從湯姆・克魯斯的背後走出來才得以展現的，而且迎來了屬於自己的事業春天。在《小島驚魂》、《紅磨坊》、《此時此刻》、《狗鎮》、《翻譯風波》等一系列影片中她均有傑出表現，如願以償拿到了奧斯卡小金人。

接受記者的採訪時，她這樣說，「終於可以隨心所欲穿想要穿的禮服。以前每次參加奧斯卡，我都必須考慮湯姆的身高而不能穿高跟鞋，當然也不能穿他不喜歡樣式的禮服，以前阿湯哥最討厭我穿紅色的禮服，今年我倒是想穿一套閃亮的紅色禮服，讓喜歡我的影迷瞧瞧我豔麗的模樣。」

如今，妮可・基嫚已過不惑之年，不過這並不妨礙她繼續成為眾多男人心中的女神。同時，她也是年輕女孩子學習的榜樣。她美麗又優雅，堅強又有頭腦。看看妮可這些年來的倩影，能學到的除了穿衣打扮外，還有她眼神中的獨立和勇氣。

她是一隻破繭而出的蝴蝶，經歷著完美的重生，飛上了世界的枝頭，不落痕跡地活在影像中。都說一個女人的成熟，背後定然有個男人的身影，而妮可的驚豔，則是終於擺脫掉了那個叫做湯姆・克魯斯的男人的光環。

討好別人，是一件沒有意義的事。就算你再怎麼努力，也不能方方面面都讓別人滿意。與其如此，不如討好自己。討好自己，並不是教女人自私，而是學會「保護自己」。

流言蜚語任它去，在心裡設置一道隔音的牆，不讓它擾亂自己的心智；煩躁壓抑時，給自己找一個發洩的途徑，買件禮物，享受美食，無不可以；受挫的時候，允許自己哭，允許自己鬧，然後再好好安慰自己。做女人，這一輩子都要冷暖自知，唯有愛自己，討好自己，才能培養出開朗自信的心境，坦然面對所有，不為外界的紛擾而痛哭流涕。

[第七章]

縱使白頭，也要不知疲倦的翻越每一個山丘

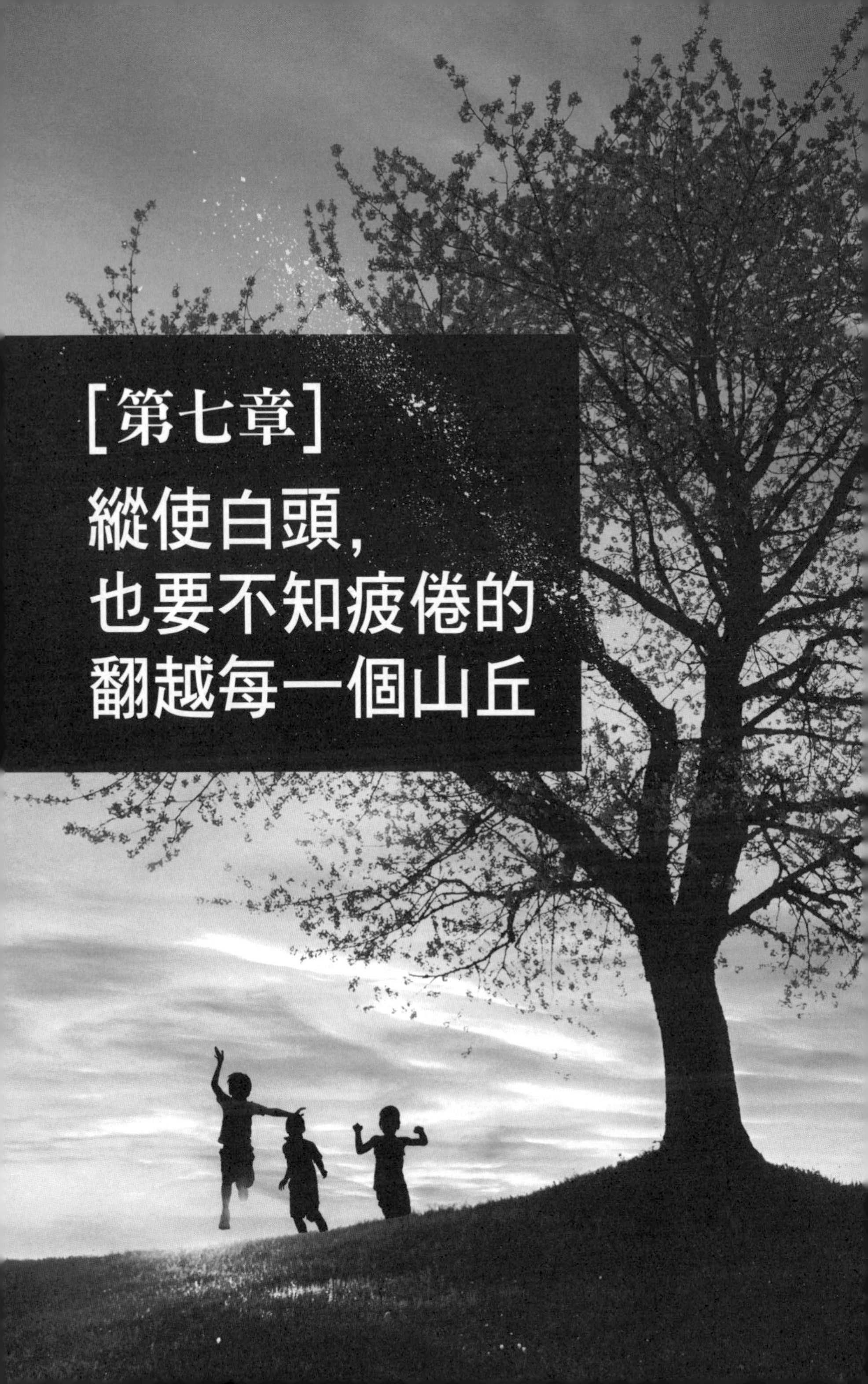

走自己的路，對自己的人生負責

做人最可貴的事情莫過於堅持自己的看法，而不是盲目從眾，以致在別人的觀點裡迷失了自己的人生路。

曾有一個小丑，一直很快樂地生活著。但漸漸地有些流言傳到了他的耳朵裡，說他到處被公認為是個極其愚蠢的、非常鄙俗的傢伙。小丑窘住了，開始憂鬱地想：怎樣才能制止那些討厭的流言呢？

一個突然的想法使他的腦袋瓜開了竅……於是，他一點也不拖延地把他的想法付諸實行。

他在街上碰見了一個熟人，那熟人誇獎起一位著名的色彩畫家。「得了吧！」小丑提高聲音說道，「這位色彩畫家早已經不行啦……您還不知道這個嗎？我真沒想到您會這樣……您是個落伍的人啦！」那個熟人感到吃驚，並立刻同意了小丑的說法。

「今天我讀完了一本多麼好的書啊！」另一個熟人告訴他說。

「得了吧！」小丑提高聲音說道。「您怎麼不害羞？這本書一點意思也沒有，大家老早就已經不看這本書了。您還不知道這個？您是個落伍的人啦！」

於是，這個熟人也感到吃驚，也同意了小丑的說法。

「我的朋友傑克真是個非常好的人啊！」第三個熟人告訴小丑說，「他真正是個高尚的人！」

「得了吧！」小丑提高聲音說道，「傑克明明是個下流東西。他侵佔過所有親戚的東西。誰還不知道這個呢？您是個落伍的人啦。」

第三個熟人同樣感到吃驚，也同意了小丑的說法，並且不再同傑克來往。

總之，人們在小丑面前無論讚揚誰和讚揚什麼，他都一個勁兒地駁斥。

有時候，他還以責備的口氣補充說道：「您至今還相信權威嗎？」

「好一個壞心腸的人！一個好毒辣的傢伙！」他的熟人們開始談論起小丑了，「不過，他的腦袋瓜多麼不簡單！」

「他的舌頭也不簡單！」另一些人又補充道，「哦，他簡直是個天才！」

最後，一家報紙的出版人，請小丑到他那兒去主持一個評論專欄。

於是，小丑開始批判一切事和一切人，一點也沒有改變自己的做法和趾高氣揚的神態。

現在，他是個曾經大喊大叫反對過權威的人——自己也成了一個權威了，而年輕人正在崇拜他，而且害怕他。

你一定會說，這些年輕人真是可憐啊，可憐得有點愚蠢。雖然這個故事有點誇張，但事實上，你有沒有想過，有時候，自己也有過類似這些年輕人的行為。比如，在對一件事發表看法的時候，你從來都是附和所謂「權威」人物的觀點，而不敢大膽說出自己的想法，再比如，在為人處事的過程中你經常按別人的反應來決定，而不是按照自已的意願去決定等等。這是不自信的表現，也是虛榮心在作祟，你已經成了上面故事中崇拜小丑的「俗人」，喪失了按照自己意願生活的能力。

自己拿主意，當然並不是一意孤行，孤芳自賞，而是忠於自己，相信自己，不輕易被別人的思想所左右。但是生活中，人人都難免有從眾心理，常常會為了顧及面子而依附於他人的思想和認知，從而失去獨立的判斷，處處受制於人。這真是一種莫大的悲哀，作為一個人，要有自己的主見，不可盲目的追隨別人。

義大利著名影星索菲婭・羅蘭半個世紀以來出演了七十多部影片，她用自己動人的風采、卓越的演技給人們留下了深刻的印象。她的美不是靜止的，不是平面的，而是以一種最最濃烈的方式留給了電影。在一九六一年，她獲得了奧斯卡最佳女演員獎。很多導演都由衷地說，與索菲婭・羅蘭的美麗相比，奧斯卡簡直不值一提。

然而，她的從影之路並不是一帆風順的。

十六歲時她一個人來到了羅馬，但是，成功的路並不平坦，因為她的長相阻礙了她成為一名演員。剛到羅馬時，她聽到的是自己個子太高、臀部太寬、鼻子太長、嘴巴太大等非議，把她說得沒有一點做演員的資格。

不過很幸運的是一位製片商看中了她。看中了她並不代表她的事業一帆風順，索菲婭・羅蘭去試了許多次鏡，但攝影師都抱怨無法把她拍得更美豔動人。製片商聽到了攝影師的抱怨，於是找到了索菲婭・羅蘭並對她說：「索菲婭，如果你真想幹這一行，我建議你把你的鼻子和臀部『動一動』，做一次整容手術，那樣就更會好些。」對於沒有主見的人來說，這是一次千載難逢的機會，一定會按照製片商的說法去做。

但是索菲婭・羅蘭是個不願意隨波逐流的人，她斷然拒絕了製片商的要求。在她的心裡，始終堅持著這樣的一個原則：我就是我自己，只有做好了自己，我才能向他人學習。

索菲婭・羅蘭要靠自己內在的氣質和精湛的演技來征服觀眾，她理直氣壯地說：「對不起，我不能這樣做，我就是我自己，只有做好了自己，我才能向別人學習，這是我的原則。雖然我的鼻子太長，但它是我臉龐的中心，它賦予了我臉龐的獨特個性，我很喜歡它。至於別人怎麼說，我無法改變，因為嘴是長在他們的臉上。我只要堅持我的原則就夠了。」

雖然很多議論對索菲婭・羅蘭不利，但她沒有因為別人的議論而停下自己奮鬥的腳步，反而越挫越勇。從十七歲正式進入電影界，她一生拍了一百多部影片。索菲婭・羅蘭的演技達到了爐火純青的程度，她得到了觀眾的認可，觀眾很喜歡她的善良和純情。索菲婭・羅蘭在事業上不斷取得成功。

她剛出道時遭到的那些諸如鼻子長、嘴巴大、臀部寬等議論都不見了，她得到了更多的好評，以前的缺點成為當時評選美女的標準。二十世紀末，索菲婭・羅蘭已經六十多歲了，但是，她仍然被評為了那時「最美麗的女性」之一。

當後來有人問起索菲婭・羅蘭的成功時，她是這樣回答的：「我誰也不模仿。我不去奴隸似的跟著時尚走。我只要做我自己。當你把自己獨特的一面展示給別人的時候，魅力也就隨之而來了。」

德國詩人歌德說：「誰若遊戲人生，他就一事無成，誰不能主宰自己，他永遠是一個奴隸。」不要等別人去安排你的人生，因為也許他們會很忙，而且未必就能安排得好。你終究是屬於自己的，沒有人可以真正對你的人生負全責，哪怕你最愛的人和最愛你的人也不能。

所以，如果你想過好自己的人生，那就要學會主宰自己的命運，即使它會讓你失敗，那也是屬於你自己的人生，當你生命將盡時你才不會後悔，因為你擁有了屬於自己的命運。你不需要問自己是誰，未來會怎樣，你是你自己的，這一切自己決定就好。

喬治・蕭伯納有這樣一段名言：「征服世界的將是這樣一些人——開始的時候，他們試圖找到夢想中的樂園，最終，當他們無法找到時，就親自創造了它。」生命的精彩在於創造，你的未來掌握在自己手中。

你之所以糾結，是因為猶豫太多了

人的能力有大小，術業有專攻，但是即使是相同能力的人成就也會不同，因為人生是「總合力」。有人做事情有魄力，敢決斷，如果給予適當的機會就能獨當一面；而有些人，做事顧慮重重，性格內斂低調，所以只適合做配角，成就自然也就不能和有魄力的人同日而語。

魄力是一個人在處理事情時所展現出來的從容、幹練、不拖泥帶水的作風。在人生的長河中，我們每個人都會遇到需要做決定的關鍵時刻，這些時候可能會改變我們一生的命運。因為任何人的成功都離不開理智的思考和果斷的決策，而有魄力的人在做決定時，會忽略非重要細節對整體的影響而做出正確的決定或選擇，所以有時候魄力可以讓一個人力挽狂瀾，在困境中起死回生。

安東尼・吉娜是目前紐約百老匯中最年輕、最負盛名的演員之一，她曾在美國著名的脱口秀節目《快樂説》中講述了她的成功之路。

幾年前，吉娜是大學裡藝術團的歌劇演員。那時她就向人們展示了一個璀璨的夢想：大學畢業後先去歐洲旅遊一年，然後要在百老匯成為一位優秀的主角。

第二天，吉娜的心理學老師找到她，尖鋭地問了一句：「你旅歐完後去百老匯跟畢業後就去有什麼差別？」吉娜仔細一想：「是呀，赴歐旅遊並不能幫我爭取到百老匯的工作機會。」於是，吉娜決定一年以後就去百老匯闖蕩。

這時，老師又冷不防地問她：「你現在去跟一年以後去有什麼不同？」吉娜有些暈眩了，想想那個金碧輝煌的舞台和那只在睡夢中縈繞不絕的紅舞鞋，她情不自禁地説：「好，給我一個星期的時間準備一下，我就出發。」老師卻步步緊逼：「所有的生活用品在百老匯都能買到，為什麼非要等到下星期動身呢？」

吉娜終於説：「好，我明天就去。」老師贊許地點點頭，説：「我馬上幫你訂好明天的機票。」

第二天，吉娜就飛赴全世界最巔峰的藝術殿堂——紐約百老匯。當時，百老匯的製片人正在醞釀一部經典劇碼，幾百名各國演員前去應徵主角。按當時的應徵步驟，是先挑選出十來個候選人，然後讓他們按劇本的要求表演一段主角的念白。這意味著要經過百裡挑一的艱苦角逐。

吉娜到了紐約後，並沒有急於去美髮店漂染頭髮和買靚衫，而是費盡周折從一個化妝師手裡拿到了將排的劇本。這以後的兩天中，吉娜閉門苦讀，悄悄演練。初試那天，當其他應徵者都按常規介紹著自己的表演經歷時，吉娜卻要求現場表演那個劇碼的念白，最終以精心的準備出奇制勝。

就這樣，吉娜來到紐約第三天，就順利地進入了百老匯，穿上了她演藝人生中的第一隻紅舞鞋。

魄力對於想成功的人而言很重要，在逆境時它可以起到力排眾議、不畏邪勢、敢做敢當的作用；在順境時，它又可以起到銳意進取、除舊佈新、引領風騷的作用；所以那些真正有魄力的人，會用那種積極進取的精神和排除萬難的膽識感染周圍的人，從而一舉獲得成功。

你若不勇敢，誰替你堅強

古羅馬的奧維德曾經說過：「一匹馬如果沒有另外一匹馬緊緊追趕著並要超過牠，就永遠不會疾馳飛奔。」其實這個道理也適合於人。如果生活中沒有挑戰，也就失去了意義和該有的色彩。

人生路上，困厄無處不在，只有勇於面對困厄、堅強奮進的人，才能去開啟成功的大門。因而，我們一定要記住：在困厄面前，畏縮逃避是怯懦者的行為；真正的成大事者，必須具有直面困厄的信心、毅力、勇氣！

有一句哲言說：「海浪為劈風斬浪的航船餞行，為隨波逐流的輕舟送葬。」當人生經歷狂風暴雨，遭遇激流險灘阻礙航程之時，如果我們能夠乘風破浪、勇往直前，定能「直掛雲帆濟滄海」；如果我們畏懼風暴、恐懼艱險，等待我們的一定是被風浪吞噬、斷送前程。在人生旅途中，當困厄發生，唯有勇者才可突破困境、開創新生；畏縮逃避的弱者，將永遠沉浸於困厄所釀造的痛苦中，無法走出低谷深淵，更無法實現夢想、獲得成功。

霍金是當代最傑出的理論物理學家，一個科學名義下的巨人。在這絢爛的光環之下，他是一個坐著輪椅、挑戰命運的勇士。

史蒂芬・霍金，出生於一九四二年一月八日，那一天剛好是伽利略逝世三百年紀念日。

從童年時代起，運動從來就不是霍金的長項，幾乎所有的球類活動他都不行。進入牛津大學後，霍金注意到自己變得更笨拙了，有一兩回沒有任何原因地跌倒。一次，他不知何故從樓梯上突然跌下來，當即昏迷，差一點兒死去。

直到一九六二年霍金在劍橋讀研究生後，他的母親才注意到兒子的異常狀況。剛過完廿一歲生日的霍金在醫院裡住了兩個星期，經過各種各樣的檢查，他被確診患上了「盧伽雷氏症」，即運動神經細胞萎縮症。

大夫對他說，他的身體會越來越不聽使喚，只有心臟、肺和大腦還能運轉，到最後，心和肺也會失效。霍金被「宣判」只剩兩年的生命，那是在一九六三年。

霍金的病情漸漸加重。一九七〇年，在學術上聲譽日隆的霍金已無法自己走動，他開始使用輪椅。直到今天，他再也沒離開它。但是，永遠坐進輪椅的霍金，依然在極其頑強地工作和生活著。一九九一年三月的一天，霍金坐輪椅回柏林公寓，過馬路時被小汽車撞倒，左臂骨折，頭被劃破，縫了十三針，但四十八小時後，他又回到辦公室投入工作。

雖然身體的殘疾日益嚴重，霍金卻力圖像普通人一樣生活，完成自己所能做的任何事情。他甚至是活潑好動的——這聽來有點好笑，在他已經完全無法移動之後，他仍然堅持用唯一可以活動的手指驅動著輪椅在前往辦公室的路上「橫衝直撞」；在莫斯科的飯店中，他建議大家來跳舞，他在大廳裡轉動輪椅的身影真是一大奇景；當他與查理斯王子會晤時，旋轉自己的輪椅來炫耀，結果軋到了查理斯王子的腳趾頭。當然，霍金也嘗到過「自由」行動的惡果，這位量子引力的大師級人物，多次在微弱的地球引力左右下，跌下輪椅，幸運的是，每一次他都頑強地重新「站」起來。

一九八五年，霍金動了一次穿氣管手術，從此完全失去了說話的能力，只能用三個指頭和外界交流——到目前更是只剩下眼皮了。他就是在這樣的情況下，極其艱難地寫出了著名的《時間簡史》，探索著宇宙的起源。

霍金的科普著作《時間簡史——從大爆炸到黑洞》在全世界的銷量已經高達兩千五百萬冊，從一九八八年出版以來一直雄踞暢銷書榜，創下了暢銷書的一個世界紀錄。

有人將霍金的成功歸於天分。試想一下，如果他空有一身的物理天才細胞，卻被病魔打倒了，還會有後來的成就嗎？所以說，他頑強勇敢和不斷探索科學的精神值得我們學習的。

霍金身體力行，讓我們明白，人生需要挑戰，不能讓外界的因素束縛你，正如莎士比亞所說：「我們知道我們現在是什麼樣的人，但不知道我們可能成為什麼樣的人。」經過挑戰磨練的人，會發現自己又向前邁進了一步，意志更堅強，將來取得的成就越輝煌。

也許就一次出發的勇氣，便喚起內心的堅定

生活中難免遇到讓我們感到痛苦和絕望的事情，但是挫折和失敗都是成功的嚮導，只要我們有勇氣迎接挫折，就會對生活更多一層領悟，更瞭解人生的真諦。塞翁失馬焉知非福？只要存在一絲希望，生命的轉機也會存在。哲學家科林斯說：「不經歷挫折，成功也只是暫時的表像，只有歷經挫折的磨難，成功才能像純金一樣發出光來。」

一八三三年十月廿一日，諾貝爾出生於瑞典首都斯德哥爾摩。父親是一位建築工程師，喜歡研究化學，製造炸藥。

諾貝爾出生不久，家裡遭受了一場火災，損失很大。由於生活困難，父親隻身外出，先到芬蘭，不久又到了俄國。在俄國時，他在機械和炸藥方面的一些發明創造受到重視。老諾貝爾在那裡開辦了一個工廠。經濟情況好轉之後，

父親便把全家搬到俄國聖彼德堡去了。

諾貝爾八歲時，曾進入斯德哥爾摩一所小學讀書。他在該小學只上了一年。這一年的小學生活，是諾貝爾一生中接受的唯一一次正規學校教育。據說，學校曾向他家裡發出過這樣的通知：「你的兒子諾貝爾，身體羸弱，上課時常頭暈。除算術與圖畫兩科勉強及格，其餘均不及格，且天性乖僻。請自下學期起改送他校就讀。」

諾貝爾上過一年小學後，一直在家裡自學。到俄國後，由於語言不通，加上身體不好，再沒有進學校讀書。父親給他和兩個哥哥請了俄國家庭教師，除教授俄語、英語、法語、德語等語言外，還經常講授一些科學技術方面的知識。諾貝爾對這些知識很感興趣。十五歲時，父親讓他到自己開辦的工廠裡做點事。諾貝爾對工廠的日常事務感到厭煩，卻非常喜歡幫助父親研製魚雷和炸藥。

一八五〇年，諾貝爾到巴黎學習化學。一年後，他又被父親送往美國學習機械。在四年學習期間，他參觀了很多工廠，學到了很多自然科學知識。離開美國後，他還遊歷了德國、丹麥、義大利和法國。這時，他在自然科學和工程技術方面已經具備堅實的基礎了。

一八五五年，彼得堡大學的兩位教授前來諾貝爾工廠拜訪，一位是著名的化學家、諾貝爾過去的家庭教師尼古拉・吉寧博士，另一位是藥學家尤利・特拉普博士。他們懇請諾貝爾的父親研製一種威力更大的炸藥。很巧的是諾貝爾正在對此進行研究。吉寧博士見自己的學生進步這麼快，非常高興。他從皮箱內取出一個小瓶，裡面裝有一種油狀液體，諾貝爾一看便知道那是硝化甘油。那時候見過這種易燃易爆物質的人並不多。它的發明人索佈雷羅先生因實驗時發生爆炸身受重傷，這之後就再無人敢繼續研究了，但是諾貝爾卻不畏艱險，不怕困難，準備繼續研究。

父親答應了吉寧博士的請求。從此諾貝爾便與硝化甘油結下了不解之緣。

由於俄國在克里米亞戰爭中戰敗，諾貝爾工廠因接不到軍方的生產訂單而告破產。一八五九年，諾貝爾的父親離開聖彼德堡回到瑞典後，在斯德哥爾摩市郊的海倫涅堡建立了一個小型實驗室，準備研究威力更大的炸藥。

一八六三年，諾貝爾應父親之召回到瑞典，同父親一道研究新式炸藥。但諾貝爾與父親的思路恰好相反，他把硝化甘油作為爆炸物的主體，把黑色火藥僅僅作為引爆的輔助因數。

炸藥的研究發明工作是最具危險性的，諾貝爾為此研究付出了不小的代價。一八六四年九月三日，「轟」的一聲巨響，從諾貝爾研究液體硝化甘油的實驗室中發出爆炸聲。在這次事故中，諾貝爾的五名助手和他的弟弟當場被炸死，而諾貝爾本人僥倖逃過此劫，但他的一隻耳朵也被巨響震聾了。

面對失敗，諾貝爾並沒有退縮，反而更加堅定了他堅持到底的決心。他把實驗地點選到了位於郊外的馬拉湖上的一艘平底船上，並把所有的設備搬到了那裡繼續他的研究工作。

諾貝爾按照他的研究，終於發明了裝有雷汞的雷管，用來引爆炸藥。可是實踐證明，硝化甘油長時間存放後會分解，受到強烈震動也會引爆。諾貝爾決心研究出更為可靠安全的炸藥。風險與成功並存。終於有一天，「轟」的一聲巨響，驚天動地，實驗室籠罩在滾滾濃煙中，瓦礫橫飛。

許多人聞聲趕來，驚恐地叫道：「諾貝爾完了！諾貝爾完了！」

正當人們驚魂未定時，諾貝爾卻從煙霧瀰漫的瓦礫堆中爬了出來，只見他滿身灰塵，鮮血淋漓。他一躍而起，用血污的手指指著破碎的衣服，高興得熱淚盈眶。

他狂呼：「我成功了！我成功了！」

這就是諾貝爾在一八六三年完成的第一項具有劃時代意義的發明，即「諾貝爾專利炸藥」，又稱硝化甘油炸藥。這一發明取得了瑞典、丹麥、英國等多個國家的專利證書。

一八六六年十月，經過上百次的失敗後，諾貝爾終於製成了命名為「達納炸藥」的黃色固態炸藥。「達納」一詞在希臘語中是「強力」之意。他在柏林東郊進行了黃色炸藥的公開試驗，並大獲成功。隨後，諾貝爾以他矢志不渝的精神研製和發明了雷汞炸藥、安全炸藥、無煙炸藥等多種炸藥，為人類作出了重大貢獻。

諾貝爾一生致力於炸藥的研究，共獲得技術發明專利三五五項，並在歐美等五大洲二十個國家開設了約一百家公司和工廠，積累了巨額財富。

一八九五年十一月廿七日，諾貝爾立下了一個獨特的遺囑，把自己一生的積蓄捐獻出來當作基金，將其利息作為獎金，每年獎給世界上對物理、化學、醫藥學、文學和促進世界和平有特殊貢獻的人。後來，又增加了經濟學，這就是現在很多科學家為之驕傲的「諾貝爾獎金」的由來。

勇氣是一種戰勝恐懼的有力武器，是克服害怕失敗、害怕丟臉等恐懼心理最有力的武器。

要不甘於平凡，勇於挑戰自我，挑戰潛能，下定決心，鐵了心去做。一生中你可能會面對不同的局面，但必須時刻記住：要為夢想去奮鬥。你有信心獲得成功，你就能成功，因為，你體內有一股巨大的潛能。你勇敢，困難便退卻；你懦弱，困難就會變本加厲地欺負你。你勇敢，就可能成功；你懦弱，則肯定會失敗。所有失敗，都可以算作你的寶貴經驗。所以，只要勇氣還在，你仍有成功的希望。

爬過這座高山，你便會發現全新的世界

人生好比一座山峰，需要我們去攀登。在攀登的過程中，有懸崖也有峭壁，這時就需要有勇氣去攀登。勇氣是成功的前提，擁有勇氣，你就向成功邁進了一大步。其實，所謂的成功者，他們與其他人的唯一區別就在於，別人不願意去做的事，他們去做了，而且全身心地去做。所以，成大事其實只需要那麼一點點勇氣。

強者從來不知道什麼叫失敗。他們讓人敬佩的地方在於永不言敗的精神，更是那麼敗屢戰、越戰越勇，最後達到勝利的勇氣。一個人即使什麼都沒有了，但至少還有勇氣，那是人生最大的財富；有了勇氣，就擁有了一切，就能夠成為出類拔萃、脫穎而出的強者。

威爾遜先生是一位成功的商人，他從一個普普通通的事務所的小職員做起，經過多年奮鬥，終於擁有了自己的公司、辦公樓，並且受到了人們的尊敬。

有一天，威爾遜先生從他的辦公樓走出來，剛走到街上，就聽見身後傳來「嗒嗒嗒」的聲音，那是盲人用竹竿敲打地面發出的聲響。

威爾遜先生愣了一下，緩緩地轉過身。

那盲人感覺到前面有人，上前說道：「尊敬的先生，您一定發現我是個可憐的盲人，能不能佔用您一點點時間呢？」

威爾遜先生說：「我要去會見一個重要的客戶，你要什麼就快快說吧。」

盲人在一個包裡摸索了半天，掏出一個打火機，遞給威爾遜先生，說：「先生，這個打火機只賣一美元，這可是最好的打火機啊！」

威爾遜先生聽了，歎了口氣，掏出一張鈔票遞給盲人：「我不抽煙，但我願意幫助你。這個打火機，也許我可以送給開電梯的小夥子。」

盲人用手摸了一下那張鈔票，竟然是一百美元！他用顫抖的手反覆撫摸著，嘴裡連連感激著：「您是我遇見過的最慷慨的人！仁慈的富人啊，我為您祈禱！上帝保佑您！」

威爾遜先生笑了笑，正準備走，盲人拉住他，又喋喋不休地說：「您不知道，我並不是一生下來就瞎的，是因為廿三年前布林頓的那次事故！太可怕了！」

威爾遜先生一震，問：「你是那次化工廠爆炸中失明的嗎？」

盲人彷彿遇見了知音，興奮得連連點頭：「是啊是啊，您也知道？這也難怪，那次光炸死的人就有九十三個，傷的人有好幾百！」

盲人想用自己的遭遇打動對方，爭取多得到一些錢，他可憐巴巴地說：「我真可憐啊！到處流浪，孤苦伶仃，吃了上頓沒下頓，死了都沒人知道！」他越說越激動，「您不知道當時的情況，火一下子冒了出來！彷彿是從地獄中冒出來的！逃命的人都擠到一起，我好不容易衝到門口，可一個大個子在我身後大喊：『讓我先出去！我還年輕，我不想死！』他把我推倒了，踩著我的身體跑了出去！我失去了知覺，等我醒來，就成了瞎子，命運真不公平呀！」

威爾遜先生冷冷地道：「事實恐怕不是這樣吧？」

盲人一驚，呆呆地對著威爾遜先生。

威爾遜先生一字一頓地說：「我當時也在布林頓化工廠當工人。是你從我的身上踏過去的！你長得比我高大，你說的那句話，我永遠都忘不了！」

盲人站了好長時間，突然一把抓住威爾遜先生，爆發出一陣大笑：「這就是命運啊！不公平的命運！你在裡面，現在出人頭地了，我跑了出來，卻成了一個沒有用的瞎子！」

威爾遜先生用力推開盲人的手，舉起了手中一根精緻的棕櫚手杖，平靜地說：「你知道嗎？我也是一個瞎子。」

人生的命運無常，每個人都有可能遭到意外的天災人禍，儘管不可能戰勝災難，但可以勇敢地去面對它。即使為此身患殘疾，同樣可以微笑地面對生活，命運依然掌握在自己的手中。

很多時候，也許正是因為我們缺乏面對災難的勇氣，才使災難阻擋在面前讓我們無法前進。那些能夠巧妙地繞開災難的人，只能算是被動的適應者，只有能克服困難前進的才算是真正的勇者。我們正需要拿出自己的勇氣和魄力，不畏艱難、敢於向前，絕不畏首畏尾，努力去做好自己，去完成使命。

[第八章]

哪怕輸掉了所有，也不要輸掉微笑

有顆堅強的心，人生從此不會累

生活中，我們常常會被環境所影響，會被自己的壞情緒所支配。我們覺得生活得很辛苦，精神也愈發感覺空虛。因為，我們在不斷追求物質利益的同時，忘記了精神上的供給；我們在不斷追求「得」的同時，也在失去著一些東西。

有的人對此百思不得其解，其實道理很簡單。對一個人所做的計畫和行動，最有決定權的是自己的內心，因此，一個人的內心是否強大，對其所做的事業能否成功起著關鍵性的作用。

山林裡，住著一位隱居的老人。

有一天，大雪封山，當老人打開門後，忽然發現一隻凍僵的兔子，於是就把牠抱回家，兔子被救後漸漸地甦醒過來，慢慢恢復了健康，從此牠和老人幸福地生活在一起，白天在外面曬曬太陽，晚上回到屋子裡與老人聊聊天，生活還算愉快。

但是，老人的家裡還養著一條蛇，雖然蛇已經被老人馴服得很溫順了，可每次兔子見到蛇時都會心驚膽戰。

於是，有一天，兔子對老人說：「能和您一起生活我非常快樂，但是有一件事情，我一直很難過。」老人微笑著說：「那是什麼事情呢？」兔子回答說：「每次看到蛇，我都會非常害怕，我現在請您將我也變成蛇吧，那樣，我就不會害怕了。」老人答應了牠的要求，把牠變成了一條蛇。

兔子終於如願地變成了蛇，牠以為這樣自己就可以無所畏懼了，可是剛一出門，就遇到了一隻盤旋而下的老鷹，老鷹瞪著一雙犀利的眼睛，看上去很凶猛，牠嚇得連滾帶爬地跑回家。哭著對老人說：「我不想做蛇了，您把我變成老鷹吧。」老人答應了牠的要求。

這下，變成了老鷹的兔子覺得自己終於可以內心強大地走出家門了。正當牠高興之際，突然，一隻老虎呼嘯而過，牠嚇得拚命地跑回家裡。兔子難過地對老人說：「我還是做老虎吧。」可是，做了老虎的兔子一見到在廚房裡的蛇，還是驚恐萬分。

兔子百思不解，於是問老人：「為什麼我變成了凶猛的老虎以後，還是會怕蛇呢？」

老人哈哈大笑了起來，對牠說：「其實，問題的關鍵不在於你是什麼樣子，重要的在於你的心，你依然是兔子的心，怎麼會不害怕蛇呢？」

也就是說，擁有什麼樣的內心，就擁有什麼樣的力量，而這種力量又是行為的動力。因此說，如果一個人的內心不夠強大，他的人生也就無法變得強大。內心強大的人有自己的主見，不會輕易被外界的輿論影響。內心強大的人，不論身邊發生著什麼樣的事情，經歷了多麼大的變化，都不會心猿意馬，而是時刻保持心無旁騖，依然固守著自己內心想要的堅持，這是一種難得的心理狀態。

包希爾·戴爾是一位眼睛幾乎瞎了的不幸女人，但是她的生活卻並不像我們所想像的那樣糟糕。因為她始終堅信，不論是誰，只要她來到了這個世界上，就是合理的。用她的話說，她相信有所謂的命運，但是她更相信快樂。因為她自己就是一個在廚房的洗碗槽裡也能尋求到快樂的人。

她在自己所寫的名為《我要看》的一本書中這樣寫道：「我只有一隻眼

睛，而且還被嚴重的外傷給遮住，僅僅在眼睛的左方留有一個小孔，所以每當我要看書的時候，我必須把書拿起來靠在臉上，並且用力扭轉我的眼珠從左方的洞孔向外看。」但是，她拒絕別人的同情，也不希望別人認為她與一般人有什麼不一樣。

當她還是一個小孩子的時候，她想要和其他的小孩子一起玩踢石子的遊戲，但是她的眼睛卻看不到地上所畫的標記，因此無法加入他們，於是，她就等到其他的小孩子都回家去了之後，她就趴在他們玩耍的場地上，沿著地上所畫的標記，用她的眼睛貼著它們看，並且，把場地上所有相關的事物都默記在心裡。不久之後，她就變成踢石子遊戲的高手了。

她一般都是在家裡讀書的，首先，她先將書本拿去放大影印之後，再用手將它們拿到眼睛前面，並且幾乎是貼到她的眼睛上，以致她的睫毛都碰到了書本，就是在這種的情況下，她還獲得了兩個學位，一個是明尼蘇達大學的美術學士，另一個是哥倫比亞大學的美術碩士。

到了一九四三年，那時她已五十二歲了，也就在那個時候發生了奇蹟。她在一家診所動了一次眼部手術，沒想到卻使她的眼睛能夠看到比原先所能看到遠四十倍的距離。尤其是當她在廚房做事的時候，她發現即使在洗碗槽內清洗碗碟，也會有令人心情激蕩的情景出現。她又繼續寫道：「當我在洗碗的時候，我一面洗一面玩弄著白色絨毛似的肥皂水，我用手在裡面攪動，然後用手捧起了一堆細小的肥皂泡泡，把它們拿得高高地對著光看，在那些小小的泡泡裡面，我看到了鮮豔奪目好似彩虹般的光彩。」

從洗碗槽上方的窗戶向外看的時候，她還看到了一群灰黑色的麻雀，正在下著大雪的空中飛翔。她發現自己在觀賞肥皂泡泡與麻雀時的心情是那麼的愉快與忘我。因此，她在書中的結語中寫道：「我輕聲地對自己說，親愛的上帝，我們的天父，感謝你，非常非常的感謝你！」讓我們來感謝上帝的恩賜，因為它使你能夠洗碗碟，因而使你得以看到泡泡中的小彩虹，以及在風雪中飛翔的麻雀。

人生之路充滿荊棘與坎坷，如果沒有一顆強大的內心，而是每天焦慮不安，又怎麼能夠成功呢？所以說，每個人在成長的過程中，都要慢慢建立起一顆強大的內心，這樣才能夠在每次遇到困難時，不害怕，正視它，征服它！

那麼，如何建立強大的內心，征服焦慮和困難呢？

第一步，先放棄害怕，客觀地分析整個情況，然後預先判斷萬一失敗將會出現的最壞情況。這樣可以提升心理承受能力和抗壓能力；第二步，想像如果出了可能發生的最壞的情況之後，勇敢地面對它們，鼓足勇氣和信心；第三步，從這以後，內心就要平靜下來了，把時間和精力用於改善所面對的問題和困難上來。

憂慮最大的害處，就是會毀掉人們集中精神的能力。當我們憂慮時思想會變得雜亂紛繁，從而喪失分析能力；而強大的內心最大的好處，就是可以振奮一個人的精神，當內心逐漸強大之後，便會按部就班地處理一切問題。所以，當我們強迫自己面對最壞的情況時，首先要先從精神上接受它，才能夠權衡所有可能的情形，以便集中精力解決問題。

你怎樣，你的世界便怎樣

自卑者的致命弱點就在於妄自菲薄，他不明白人很少有通才，而是各有所長，並且他只相信別人不相信自己，而內心強大的人在任何時候都會肯定自己。

你可能會在一條路上跌倒兩次，你可能會為一個人心碎兩次，漫漫人生路，不是因為不夠認真，只是自己太過於天真。人的一生很長，我們需要理想、需要信仰，帶著這些去為自己博得一個精彩的未來。

擁有自信的人之所以會心想事成、走向成功，是因為他們都有著巨大的潛能等著去開發；而消極失敗的心態之所以會使人怯弱無能、走向失敗，是因為它使人放棄潛能的開放，讓潛能沉睡、白白浪費。

一九六〇年，哈佛大學教授羅森塔爾博士在美國加州一所學校進行了一項試驗。他聲稱，他製造出一種儀器，能夠找出最優秀的人，並能發現那些將來會出人頭地的人。他先從教師中選出幾個人，然後又從全校的班級中選出幾個班的學生作為實驗對象。他對選出的老師說：「我從全校的老師中選出你們幾位，因為你們是最優秀的老師。這幾個班級的學生也是最聰明最有可能有所成就的學生，他們將由你們來教。我相信，最優秀的老師和最聰明的學生的組合，將會產生非凡的教學結果，我的儀器不會出錯。」

一年過去了，當羅森塔爾博士再次來到這所學校時，他發現那些老師個個表現優異，而他們所教的班級也成為整個學校的明星班級。羅森塔爾再次召集這些老師開會，他對老師們透露說：「實際上，我並沒有那樣一種預測未來的儀器。那些學生都是最普通的學生，我只是隨機抽取了幾個班級。」

老師們對此一陣詫異。羅森塔爾博士接著說：「實際上，各位老師也是我隨手抽調出來的。你們是些普通的老師，教的是普通的學生，但是你們取得了這樣的好成績。各位老師一定知道原因在哪裡。」

一位老師說：「是的，博士。我知道，當我們被告知是最優秀的時候，我們就努力做最優秀的。我們的學生是聰明的、與眾不同的。他們犯錯誤時，我們也一樣有耐心幫助他們，因為他們是聰明人，他們只是無意中出了錯。我們從來不打擊批評學生，我們鼓勵他們做到最好。我們都認為自己是不普通的，於是我們就不再普通。」

羅森塔爾聽完，會心地笑了。

人人都可以成為非凡的一員。如果你在心裡堅信「我能行」，你就會按照人才標準來要求自己。如果你相信自己能夠成功，你就一定能成功。只有先在心裡肯定自己，你才能在行動上充分地展現自己。

一個人相信自己是什麼，就會是什麼。一個人心裡怎樣想，就會成為怎樣的人。這從心理學上講是有一定的道理的。每一個人都有一幅心理藍圖，或是一幅自畫像，有人稱它為運作結果。如果你想像的是做最好的你，那麼你就會在內心的螢光屏上看到一個躊躇滿志、不斷進取、勇於開拓創新的自我。同時還會經常收到「我做得很好」「我以後還會做得更好」的資訊，這樣你註定會成為一個最好的你。

哲學家愛默生說：「人的一生正如他一天中所想的那樣，你怎麼想，怎麼期待，就有怎樣的人生。」

一切煩惱，其實都是自尋

我們活在世上只有短短的幾十年，可是卻浪費了許多無法補回的時間，去為那些很快就會被忘了的小事而煩惱。

通常，面對重大危機的時候，我們能打起精神，勇敢地迎接挑戰。而對那些常見的小事，卻不肯放下，往往被搞得垂頭喪氣。

有這樣的一幅漫畫：一個登山者正傾力倒出他鞋子中的砂子。旁白是：「使你疲倦的往往不是遠方的高山，而是鞋子裡的一粒砂子。」這正揭示了一種真實：將人擊垮的往往不是面臨的巨大挑戰，而是瑣碎事情造成的倦怠。

一些從事危險而艱苦工作的人，工作時毫無怨言，但卻不能與周圍的同事、室友維持良好的關係。芝加哥的約瑟夫・薩伯斯法官在仲裁過四千多件不愉快的婚姻案件之後說道：「婚姻生活之所以不美滿，最基本的原因通常都是一些小事情。」而紐約州的地方檢察官弗蘭克・霍根也說：「我們處理的刑事案件裡，有一半以上都起因於一些很小的事情：在酒吧裡逞英雄，為一些小事情爭爭吵吵，講話侮辱別人，措辭不當，行為粗魯。就是這些小事情，結果引起傷害和謀殺。」

尤利烏斯是一個畫家，而且是一個很不錯的畫家。他畫快樂的世界，因為他自己就是一個快樂的人。不過沒人買他的畫，因此他想起來會有點傷感，但只是偶爾一會兒。

他的朋友們勸他：「玩玩足球彩票吧！只花兩馬克便可贏很多錢！」

尤利烏斯花兩馬克買了一張彩票，並真的中了彩，他賺了五十萬馬克！

他的朋友都對他說：「你瞧！你多走運啊！現在你還經常畫畫嗎？」

「我現在就只畫支票上的數字！」尤利烏斯笑道。

尤利烏斯買了一幢別墅並對它進行了一番裝飾。他很有品味，買了許多好東西：阿富汗地毯、維也納櫃櫥、佛羅倫斯小桌、邁森瓷器，還有古老的威尼斯吊燈。

尤利烏斯很滿足地坐下來，他點燃一支香煙靜靜地享受他的幸福。突然他感到好孤單，便想去看看朋友。他把煙往地上一扔，就像他在原來那個石頭做的畫室裡經常這樣做的那樣，然後就出去了。

燃燒著的香煙躺在地上，躺在華麗的阿富汗地毯上……一個小時以後，別墅變成一片火海，被完全燒沒了。

朋友們很快就知道了這個消息，他們都來安慰尤利烏斯。

「尤利烏斯，真是不幸呀！」他們說。

「怎麼不幸了？」他問。

「損失呀！尤利烏斯，你現在什麼都沒有了。」

「什麼呀？不過是損失了兩個馬克。」

朋友們為失去的別墅而惋惜，可是尤利烏斯卻不在意，正如他所說不過是損失了兩美元，怎麼能夠影響他正常的生活，讓他陷入悲傷之中呢？

因為一些小事，我們往往煩擾不已，結果搞得自己很沮喪。其實，我們都把那些事情過分誇大了。正如狄士雷裡說的：「生命太短暫了，不要再顧慮小事了。」安德列．墨里斯也在雜誌上說：「我要說的這些話曾幫助我度過很多痛苦的時間。我們常會因為一些小事而心煩意亂，而實際上它們根本不值一提。我們在這個世界存在的時間不過短短數十年，時間被浪費了，就再也找不回來了。有些事情過不了多久，我們就會完全置之腦後，那為什麼還要為此而煩惱呢？我們的時間應該用在更有意義的行為和情感上，讓我們的思想變得偉大，去體會那些真實的情感。人生苦短，不該只顧及那些無關緊要的小事。」

著名作家荷馬・克羅伊也曾經講過，過去他寫作時，常被紐約公寓熱水器的聲音吵得發瘋。後來有一次，他與幾個朋友去野餐，聽到木柴燒得很旺時的聲音，他突然想到這些聲音與熱水器的響聲很像。那麼為什麼自己會喜歡一個卻厭惡另外一個聲音呢？之後他就告訴自己：木柴燒裂時的聲音很好聽，熱水器發出的聲音也差不多。他完全可以不理會那些噪音而蒙頭大睡。再後來，他就完全忽略了當初令他煩躁的那個聲音。

大多數時間裡，要想克服一些小事情所引起的困擾，只要把自己的看法和重點轉移一下就可以了——讓你有一個新的、能使你開心一點的看法。狄士雷裡說過：「生命太短促了，不能再只顧小事。」

我們常常讓自己因為一些小事情、一些應該不屑一顧和很快該忘的小事情弄得非常心煩。我們活在這個世上只有短短的幾十年，而我們浪費了很多不可能再補回來的時間，去為一些一年之內就會被所有人忘記的小事發愁。不要這樣，讓我們把自己的精力只用於值得做的行動上，去經歷真正的感情，去做必須做的事情。因為生命太短促了，不該再為那些小事而費神。

世界如此美好，你還憂慮什麼

人的一生都不免遇到各種令人煩心的事，然而，不同的人在遇到相同的問題時，有著不同的態度和解決辦法。面對困難，樂觀的人往往一笑置之，並迅速去尋找解決辦法；悲觀的人，只會像熱鍋上的螞蟻一樣慌亂，找不到方法。

聰明的人都知道，遇事沉著冷靜更容易迅速解決問題，走向成功。也就是說，假如我們能給生活中的各種憂慮劃出一個「到此為止」的界限的話，我們會發現成功原來如此簡單，生活原來如此快樂！

研究表明，憂慮最大的壞處就是摧毀人們集中精神的能力，一旦憂慮產生，人們的思緒就會亂作一團，從而喪失做出決定的能力。

事實上，要想克服一些瑣事引起的煩惱，只要把看法和重心轉移一下就可以了。在生活中，更要學會對自己說：「這件事情沒有必要去操更多的心。」

小鎮上一家酒吧裡，燈火通明，喧聲四起，一群衣著光鮮的紳士正圍坐在吧台邊上，一邊喝著威士忌，一邊談論著生意上的事情。

「夠了，夠了，這樣的日子簡直像受刑，我受夠了！」一個以製作各式成衣為生的商人抱怨道。不景氣的經濟、日漸低迷的生意，令他終日愁眉不展、鬱鬱寡歡，他的雙眼佈滿血絲，經常失眠。「怎麼了，朋友？」眾人問。

「真叫人痛苦不堪……」成衣商說道。

一位朋友看在眼裡，不忍他這樣被煩惱折磨，就安慰他：「別急，你的問題沒有什麼大不了的，我給你想一個好辦法，如果以後你還睡不著，不如靜下心來，數一數綿羊，這樣等你數累了，自然就可以休息了。」

「嗯，是個不錯的辦法，朋友，虧你想得出來，我回去就試一試。」成衣商道謝而去。

「老兄，你的辦法一點也不靈驗啊，你看看我現在，精神更加不好了，病情也似乎更加嚴重了！」三天後，成衣商再次在酒吧裡遇到給自己提出建議的朋友。

「不會吧！」朋友看著他更加紅腫的雙眼，十分疑惑，問道：「你是按照我的話去做的嗎？」

「那還用問嗎？老兄，不僅如此，我還數到一萬多頭呢！」

「我的上帝，老兄，你沒跟我開玩笑吧！居然數了那麼多。你不可能，也不應該一點睡意都沒有啊！」朋友吃驚地問。

「是的，剛開始的時候，我是有些睏意了，可是我一想到一萬多頭綿羊那將會有多少羊毛啊，如果不剪，那豈不可惜了？」

「那剪完不就可以睡了？」

「你哪裡知道，這一萬頭羊的羊毛所製成的毛衣，要去哪兒找買主啊，一想到銷路，我就更睡不著了。」

要知道很多事情都是無解的，因此不能把自己的思維逼進一個死角，如果明知道是個死角，可還是一鼓作氣、不依不饒地要往裡面撞，就像一隻撲火的飛蛾，拚了命要在燈光那兒折騰，這是自我折磨，不發瘋才怪。

生活在這個紛繁複雜的世界裡，有時也需要及時開導自己，消除不必要的煩惱，讓自己在絕望中看到希望，在黑暗中看到曙光。

帶上信念前行，雨水就不會打濕夢想飛翔的翅膀

人生的變數很多，沒有人能夠承諾給我們一個永遠的晴天；沒有人能夠預知草莽中是否潛藏著毒蛇猛獸。然而，我們雖然不能夠把握外界，行動卻可以產生力量。這種力量的源泉就來自於堅強的信念，而真正的信念是永遠不可戰勝的。

種子播種到地裡，我們看到的或許只是這個現象的本身，然而在農夫的眼裡，看到的更是一片充滿生機的綠和金黃色的收穫。顯然，他眼中凝聚著對收穫的一種信念。正是受到這種力量的鼓舞，他日復一日、年復一年的在祖先留下的土地上辛勤地勞作，與土地結下不解之緣，得到的是碩果纍纍。

有人說，沒有種子會在春天死掉。是的，它們會發芽，會長出嫩嫩的青葉，會開花——也許並沒有果實，但它們顧不了太多，它們只是一個勁地往上長。看似對藍天的崇拜和對陽光的渴望織成了它們的唯一信念。

也許它們會被春天的陰雨淹沒細根；也許它們會被夏日的驕陽剝去蔥綠；也許它們會被秋風無情地扯斷細纖；會被冬雪覆蓋最後一絲殘存的呼吸……但是，它們沒有因此放棄生命，不是嗎？否則，我們看到的滿眼綠色，又是什麼？

究竟是什麼讓種子如此樂觀，並且能夠看破風雪萌發長成參天大樹呢？是信念！因為有了生長的信念，種子才會堅持到隆冬；才會有前進的動力；才會有無畏的膽識，走向成功。

在人生的歷程中，接受信念的指引，大步向前，會像種子一樣戰勝嚴酷的環境，迎來參天大樹那樣的偉岸。

美國紐約州歷史上第一位黑人州長羅傑・羅爾斯的故事正說明了信念決定人生方向的道理。羅傑・羅爾斯出生在紐約聲名狼藉的大沙頭貧民窟。這裡環境骯髒，充滿暴力，是偷渡者和流浪漢的聚集地。在這兒出生的孩子從小就翹課、打架、偷竊、甚至吸毒，長大後很少有人從事體面的職業。然而，羅傑・羅爾斯卻是個例外，他不僅考入了大學，而且最終成了紐約州的州長。

在就職的記者招待會上，一位記者對他提問：是什麼把你推向州長寶座的？面對三百多名記者，羅爾斯對自己的奮鬥史隻字未提，只談到了他上小學時的校長——皮爾・保羅。

皮爾・保羅擔任諾必塔小學的董事兼校長的時候正是美國嬉皮士流行的時代，他發現諾必塔小學的窮孩子們比「迷惘的一代」還要無所事事。他們不與老師合作，曠課、鬥毆、甚至砸爛教室的黑板。皮爾・保羅想了很多辦法來引導他們，可是沒有一個是奏效的。後來他發現這些孩子都很迷信，於是在他上課的時候就多了一項內容——給學生看手相。他用這個辦法來鼓勵學生。

一天當羅爾斯從窗台上跳下，伸著小手走向講台時，皮爾・保羅握著他的小手說：「我一看你修長的小拇指就知道，將來你是紐約州的州長。」當時，羅爾斯大吃一驚，因為長這麼大，只有他奶奶讓他振奮過一次，說他可以成為五噸重的小船的船長。這一次，皮爾・保羅先生竟說他可以成為紐約州的州長，著實出乎他的預料。他記下了這句話，並且相信了它。

從那天起，「紐約州州長」就像一面旗幟，羅爾斯的衣服不再沾滿泥土，說話時也不再夾雜污言穢語。他開始挺直腰杆走路，在以後的四十多年間，他沒有一天不按州長的身分要求自己。五十一歲那年，他終於成了州長。

羅爾斯在他的就職演說中說：「信念值多少錢？信念是不值錢的，它有時甚至是一個善意的欺騙，然而你一旦堅持下去，它就會迅速升值。」

羅爾斯的經歷給我們這樣一個啟示：信念就是所有奇蹟的萌發點。所有成功的人，最初都是從一個信念開始的。你不需要花費很多的金錢或者代價來獲得它，需要的只是一顆細膩而堅定的心，你便會在不知不覺中發覺它慢慢地向你靠近，而你也會在它的引領下慢慢的向成功靠近。

適時低頭，才能贏得人生這盤棋

你是否也有過類似的人生經歷？有時遇到困難挫折，一味仰頭硬撞，盲目強攻，不但不能取勝，反倒撞得自己傷痕累累，甚至一敗塗地；相反的，這時機智地退一步，低低頭，調整策略，蓄積力量，等待時機，往往會東山再起，反敗為勝。

所以，當遇到無法解決的問題、無法擺脫的困境，千萬不要像那些被網住的野雞，驚慌失措，盲目亂撞。請低一低固執的、高傲的頭，也許就能找到新的出路！

身處矮簷下，低頭又何妨？看清處境，降低姿態，是勇氣和智慧的表現。倘若拘於一時得失，與成功失之交臂，豈不是天大的遺憾？其中的道理不言自明，究竟值不值，孰輕孰重，一目了然。

當然，低頭、退讓也絕不是一味地退縮躲避，或者無原則地投降屈節。

麥克・史瓦拉是美國的電視節目主持人，他所主持的「六十分鐘」是人人樂道的節目。在剛進入電視台的時候他是一名新聞記者，因口齒伶俐，反應快，所以除了白天採訪新聞外，晚上又報導七點半的黃金檔。以他的努力和觀眾的良好反應，他的事業應該是可以一帆風順的。

很不幸的是，因為麥克的為人很直率，一不小心得罪了頂頭上司新聞部主管。有一次在新聞部會議上，新聞部主管出其不意地宣佈：「麥克報導新聞的風格奇異，一般觀眾不易接受。為了本台的收視率著想，我宣佈以後麥克不要在黃金檔報導新聞，改在深夜十一點報導新聞。」

新聞主管的決定讓麥克非常意外，他知道自己被貶了，心裡覺得很難過，但突然他想到：「這也許是上天的安排，主要是在幫助我成長。」他的心漸漸平靜下來，表示欣然接受新差事，並說：「謝謝主管的安排，這樣我可以利用六點鐘下班後的時間來進修。這是我早就有的希望，只是不敢向你提起罷了。」

此後，麥克天天下班之後就去進修，並在晚上十點左右趕回公司準備十一點的新聞。他把每一篇新聞稿都詳細閱讀，充分掌握它的來龍去脈。他的工作熱誠絕沒有因為深夜的新聞收視率較低而減退。

漸漸地，收看夜間新聞的觀眾愈來愈多，佳評也愈來愈多。隨著這些不斷增多的佳評，有些觀眾責問：「為什麼麥克只播深夜新聞，而不播晚間黃金檔的新聞？」詢問的信件、電話不斷，這引起了總經理的關注。

總經理把信件攤在新聞部主管面前，批評他說：「你這新聞主管怎麼搞的？麥克如此人才，你卻只派他播十一點新聞，而不是播七點半的黃金時段？」

新聞部主管解釋：「麥克希望晚上六點下班後有進修的機會，所以不能排上晚間黃金檔，只好排他在深夜的時間。」

「叫他儘快重回七點半的崗位。我下令他在黃金時段中播報新聞。」

就這樣，麥克被新聞部主管又調回黃金時段。不久之後，被選為全國最受歡迎的電視記者之一。

過了一段時間，電視界掀起了益智節目的熱潮，麥克獲得十幾家廣告公司的支持，決定也開一個節目，找新聞部主管商量。

積著滿肚子怨恨的新聞部主管，板著臉對麥克說：「我不准你做！因為我計畫要你做一個新聞評論性的節目。」

雖然麥克知道當時評論性的節目爭論多，常常吃力不討好，收入又低，但他仍欣然接受說：「好極了！」

自然，麥克吃盡苦頭，但他沒說什麼，仍是全力以赴，為新節目奔忙。節目上了軌道也漸漸有了名聲，參加者都是一些出名的重要人物。

總經理看好麥克的新節目，也想多與名人和要人接觸。有天他召來新聞部主管，對他說：「以後節目的腳本由麥克直接拿來給我看！為了把握時間，由我來審核好了，有問題也好直接跟製作人商量！」

從此，麥克每週都直接與總經理討論，許多新聞部的改革也有他的意見。他由冷門節目的製作人，漸漸變成了熱門人物。由此他也獲得許多全美著名節目的製作獎，從而成為家喻户曉的名人。

學會低頭，也就是懂得放棄，若要硬是強出頭，只有碰壁。當下這一刻選擇低頭，是為了下一刻抬頭。

一次，一位氣宇軒昂的年輕人，昂首挺胸，邁著大步去拜訪一位德高望重的前輩。不料，一進門，他的頭就狠狠地撞在了門框上，疼得他一邊不住地用手揉搓，一邊看著比他的身子矮一大截的門。恰巧，這時那位前輩來迎接他，看到他，笑瞇瞇地說：「很疼吧！可是，這是你今天來訪問我的最大收穫啊。」年輕人不解，疑惑地望著他。「一個人要想平安無事地生活在世上，就必須時刻記住，該低頭時就低頭。這也是我要教你的事情。」老人平靜地闡述著他的睿智。

這位年青人，就是後來被稱為美國之父的富蘭克林。據說，富蘭克林把這次訪問得到的教導看成是一生最大的收穫，並把它作為人生的生活準則去遵守。他把「記得低頭」作為畢生為人處世的座右銘，受益終生。後來，他成為功勳卓越的一代偉人——美國著名的政治家、科學家、社會活動家。

人生要歷經千門萬坎，洞開的大門並不完全適合我們的軀體，有時甚至還有人為的障礙，我們可能要不停地碰壁，或伏地而行。如果一味地講「骨氣」，到頭來，不但被拒之門外，而且還會被撞得頭破血流。

木秀於林，風必摧之。這是自然界的規律，也是人性叢林中的法則。爭強好勝的鬥爭本性使人類視後退為懦弱。然而真正有智慧的人才會懂得，只有深諳韜光養晦之道，適時地隱藏鋒芒，才能在施展才華時躲過明槍暗箭，才能得到退一步後的海闊天空。

也許你的才華的確非常出眾，但如果絲毫不懂得收斂，在社會上也是很難立足的，而且還有可能給自己帶來負面的影響。一個人在適當的地方和時間展露鋒芒是正常的，但應該認清形勢，不要不分場合和地點，要懂得適時隱藏，而且要知道山外有山的道理。

[第九章]

人生沒有如果，只有結果和後果

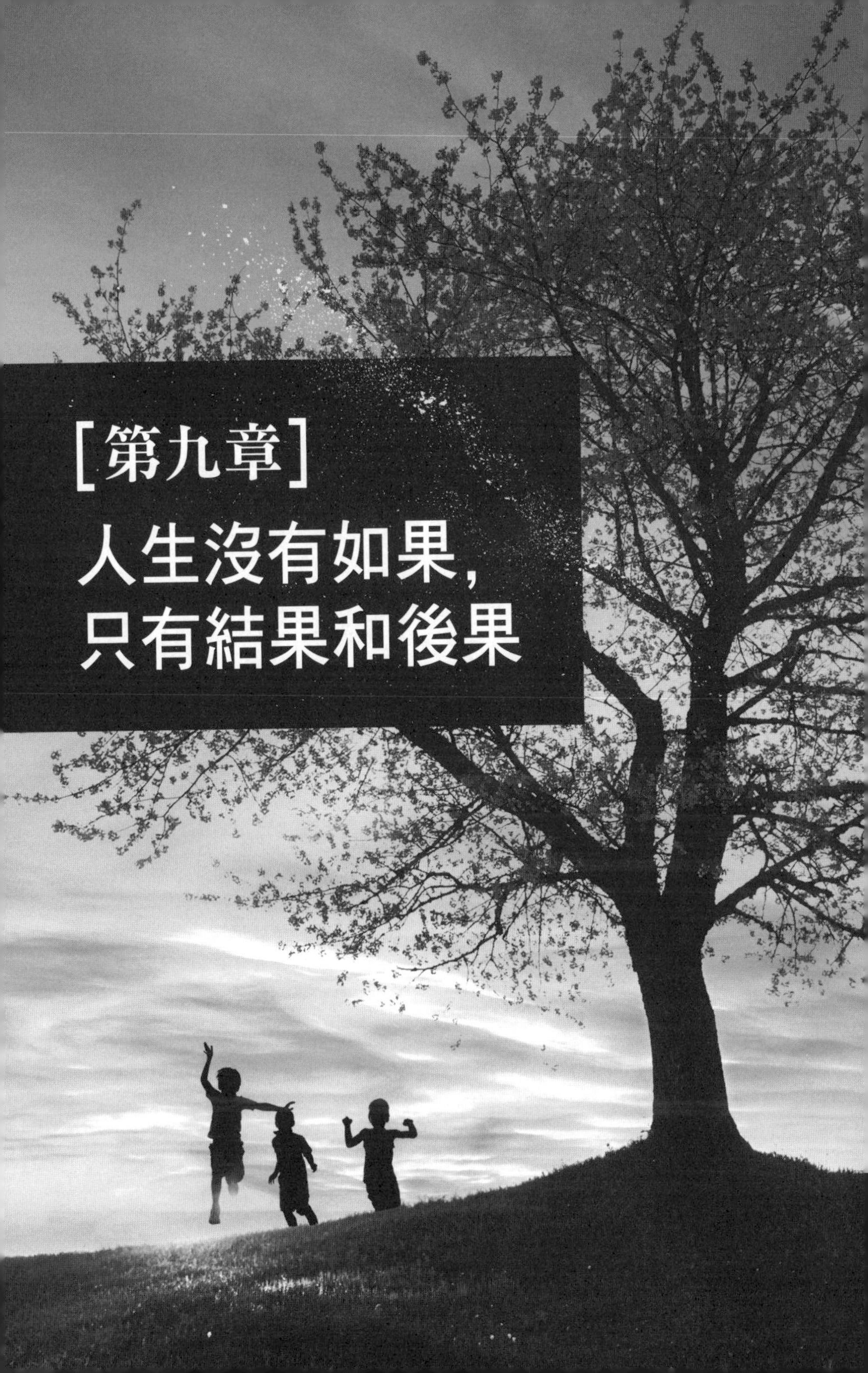

你的未來，經不起歲月的蹉跎

有一個古老的寓言故事：

大雁、杜鵑、麻雀、黃鸝四隻鳥結伴飛到了南方，準備在那裡安家。牠們飛到一個氣候溫和、花香怡人的地方，四隻鳥非常高興，開心地四處遊玩。而黃鸝更是開心，因為牠最喜歡在花叢中嬉戲，牠一直認為自己是世界上最漂亮的鳥兒，所以非常高傲。

轉眼秋天到了，大雁對夥伴們說：「現在已經是秋天了，很快冬天就要到了，咱們快點築巢吧！要不然等到冬天，咱們非凍死不可。」

杜鵑和麻雀十分贊同這個建議，而黃鸝卻無所謂地說：「怕什麼，現在的天氣這麼好，四周都是花和草，如果不盡情地玩玩，豈不是太浪費了嗎？」看到黃鸝如此固執，其他幾隻鳥只好自己去築巢。

看著自己的夥伴們每天四處尋找樹枝，非常辛苦，黃鸝還嘲笑牠們說：「哎，這麼好的陽光，這麼美的花你們不欣賞，非要這麼早去築巢，真是太浪費生命了。」

杜鵑關切地對黃鸝說：「黃鸝姐姐，現在秋天都快過去了，你快點兒準備築巢吧。要不然等到冬天就來不及了。」

黃鸝不以為然地說：「過幾天再說吧，反正我在冬天來臨之前築好不就行了。」

時間一天天過去，大雁、杜鵑還有麻雀的巢都已經築好了，而黃鸝卻還悠閒地四處遊玩。看著朋友在巢裡安穩地休息，黃鸝心想：是應該築巢了，乾脆從明天起開始找樹枝吧。但是第二天，黃鸝在溫暖的太陽照耀下一點兒也不想起床，心想：反正也不在乎這一天，明天再說吧。

天氣一天比一天冷，黃鸝的巢還沒有築起來。終於迎來了冬天的第一場雪，大雁、杜鵑還有麻雀相約一起出去賞雪，當牠們找到黃鸝的時候，卻發現它已經被凍死了。

很多時候，我們的人生都被一個「等」字荒廢了：等將來，等不忙，等下次，等有時間，等有條件……等來等去，只等來一頭白髮。誰也無法預知未來，及時行動才是王道，否則，很多事情可能會一等就等成了永遠。

在法國南部一個很小的城市裡，住著一群人。他們從來沒有離開過小城，他們一直都認為這個小城是最美麗最富饒的地方。後來，有一位外地的客商路過小城，客商告訴他們：小城之外還有很多地方比這個城市更美麗、更富饒。

聽了客商的話，小城中的人們決定出去走一走，開開眼界。他們根據客商的描述制定了一份內容詳盡的計畫。後來客商離開了小城，留給了他們一本關於旅行的書。根據這本書介紹的內容，他們感到最初制定的那份計畫太不周全了，於是又加入了一些條款。

經過幾次修改和完善，他們終於有了一份完整的出行計畫，可還是不能立即出發，因為出行計畫上羅列的許多東西他們還沒有準備好。他們還要買地圖，由於從來沒有走出過小城，所以他們只能從外面來的一些商販手中購買地圖。終於有商販來了，人們從商販手中買了好幾份地圖，不過商販告訴他們，如果想到更遠的地方旅行最好用地球儀，於是他們又等待賣地球儀的商販進城。

就這樣，他們等到了地球儀。在買了地球儀之後，他們發現還需要火車時刻表，在有了火車時刻表之後他們又發現還需要指南針。在這些東西都準備好了之後，他們又覺得還需要一些行李箱，行李箱準備好了之後又發現沒有鎖出門不安全，他們又找鐵匠打了十分保險的鎖……

等人們把一切都準備好之後，他們才發現自己早已年老力衰，根本沒有足夠的力氣實施當年制定的計畫了。況且他們當初的那份雄心壯志早已被時間消耗殆盡了，他們始終沒走出小城。

所以，該做的事就趕緊去做，不要給生命留下太多的遺憾。

成功的人那麼多，為什麼唯獨沒有你

風車只有在轉動時才能磨麵，發電機只有在轉動時才發電。人，只有在行動中才有力量。

千里之行，始於足下。不積跬步，無以至千里；不積小流，無以成江海。人生短暫，我們不該生活在蹉跎裡，而應該生活在行動中。唯有行動，方能開啟成功之門，駛向幸福的彼岸。

某個教堂因為來了很多老鼠，所以養了一隻貓。這隻貓特別能幹，很會抓老鼠，於是老鼠的數量不斷減少。後來，老鼠們只好天天躲在洞裡，不敢輕易外出。無奈之下，老鼠大王組織召開了一個老鼠會議，緊急商討怎樣對付貓吃老鼠的問題。

老鼠們個個都很聰明，想到了很多獨特的方法。有的老鼠建議研究一種毒藥，悄悄放到貓的食物裡；有的老鼠想出用黃油燙死貓的方法，還有的老鼠提議，一起出洞咬死貓……大家各抒己見，可是都不是上上策，都不能保證既消滅貓咪，又自保性命。

這時，一隻號稱最聰明的老鼠站起來，提議到：「貓的武功太高強，死打硬拚我們不是牠的對手，不如用防。我們在貓的脖子上繫個鈴鐺，這樣，以後我們只要聽到鈴鐺的聲音，就知道貓來了趕快逃跑，我們就再也不用擔心被貓抓到了！」

「好辦法，好辦法，真是個聰明的主意！」老鼠們歡呼雀躍起來，老鼠大王當即批准了這個方案，並宣佈：「咱們就按繫鈴的方案對付貓，現在開始落實。有誰願意接受這個任務？請主動報名吧。」

等了好久，會場裡一片寂靜。接著，老老鼠們說：「我們老眼昏花、腿腳不靈，最好找個身強體壯的。」而身強體壯的老鼠說：「我們平時要給大家找食物，要是我們被抓去了，你們的處境不是更糟，還是找小老鼠吧，他們機靈，跑得快。」而小老鼠們則紛紛說：「我們年輕，沒有經驗，怎能擔當如此重任呢。」

結果，老鼠們仍然繼續戰戰兢兢地生活著……

不得不承認這是一群非常聰明的老鼠，牠們能夠集思廣益，想出要給貓繫鈴鐺的好方案。可是，光想沒有用，還得把這些付諸現實。可是，沒有一隻老鼠願意去落實這個方案。儘管這個方案很完美，但是沒人去做，也就沒有任何的意義。結果，這群看似聰明的老鼠只能像以前一樣，戰戰兢兢地生活。

在工作中，我們也能經常看到這樣的人：只會沉迷於文山會海裡，嘴上誇誇其談，重視制訂計畫、準備書面材料等案頭工作，卻什麼行動都不採取，致使機會一次次地從手邊溜走。

唯有努力，才能讓你走向卓越

人常說：不想當將軍的士兵不是好士兵。所以很多年輕人都夢想著有朝一日能當一個響噹噹的大將軍！然而，這種思維也造成這樣一種怪現象：想當將軍的士兵，連站崗的工作都做不好，甚至不屑去做。他們只是一味哀歎社會的不公，卻從不問問自己做了什麼。

殊不知，不努力，誰也給不了你想要的生活。

體操是程菲的夢。小程菲四歲那年便開始了訓練，每天早上，星星還在天上閃爍的時候，程菲就起床了，爸爸陪著她跑步兩個多小時到體操館訓練，風雨無阻。

懂事的程菲知道自己家裡的條件並不好，自己能夠獲得專業訓練的機會是很不容易的，因此她在訓練時更加努力。父母看著程菲常因為訓練而摔得渾身烏青，十分心疼，但是能給程菲的最高獎勵只是花1塊錢買三串程菲最愛吃的糯米團子。

為了在家裡也能訓練，父親在程菲的要求下，在家中的屋樑吊上杠子，兩根是雙杠，一根就是單杠。而練習用的「平衡木」則是爸爸用粉筆在地上畫的兩條線，小程菲卻如同在真正的器械上一樣，練得非常認真。

為了糾正天生的「八字腳」，程菲把自己的腳用繃帶纏上，走路、跑步的時候踮起腳，襪子常常黏在磨出血的腳上。媽媽心疼得一邊掉淚，一邊用酒精把女兒的襪子浸濕後一點點脫下來，有時程菲會疼得哇哇大哭，但她堅持訓練的決心仍然沒有一絲動搖。

天資並不出眾的程菲，在被選送到國家隊時差點吃了閉門羹。進入國家隊後，程菲在眾多運動員中毫不起眼，有一次她甚至被教練忘在體操館裡。

但程菲格外能吃苦，很多人都不太願意練的跳馬，程菲卻練得很刻苦，她在完成了教練的要求後，還加大了自己的訓練量。其他隊員都回去之後，程菲仍在空曠的訓練大廳裡無數次重複著助跑、起跳、空翻、落地等動作。原本十分平凡的程菲用她的勤奮打動了著名教練陸善真，僅1年時間，程菲就在教練的指點下頻頻奪冠，繼而引起了世界體壇的關注。

程菲經常說：「給我機會，我就要把握住！」

教練陸善真稱讚她說：「程菲練這些動作不知經歷了多少痛苦的折磨和打擊，可她從不抱怨。」

在墨爾本世錦賽上，程菲的驚世一跳被國際體聯命名為「程菲跳」。「程菲跳」是第一個以中國女運動員的名字命名的跳馬動作。原本平凡的程菲，用自己的勤奮和努力實現了她並不平凡的夢想。

歌德說得好：「只有投入，思想才能燃燒。一旦開始，完成在即。」未來是由現在構成的，現在的狀態決定未來的狀態，現在的努力決定未來的成敗，浪費現在等於喪失未來！等待只能失敗，行動才會成功。

我們每個人都希望成功，但是常常成了思想的巨人，行動的矮子。阿里巴巴集團創始人馬雲就這種現象做了經典的描述：「晚上想想千條路，早上醒來走原路。」

通往成功的路有千萬條，而唯一的捷徑就是行動

生活中，不乏這樣的人，他們躺在床上想像著自己多麼成功，未來取得了多麼偉大的成就。這些人只知道想像，卻從來不知道把這種想像付諸行動。要知道，任何一個有成就的人，都有勇於嘗試的經歷。因為嘗試就是探索，如果沒有探索那麼也就沒有創新，而沒有創新就不可能會有成就。所以，一個整天處於想像中的人，是不會有絢爛精彩的人生。即便有，那也只是在自己的夢裡。

三個旅行者徒步穿越喜馬拉雅山，他們一邊走一邊談論凡事必須付諸實踐的重要性。他們談得津津有味，以至於沒有意識到天太晚了，等到饑餓時，才發現僅有的一點食物就是一塊麵包。

這幾位虔誠的教徒，決定不討論誰該吃這塊麵包，他們在祈禱聲中入睡，

希望老天能發一個信號過來，指示誰能享用這份食物。

第二天早晨，三個人在太陽升起時醒來，又在一起談開了。

「我做了一個夢，」第一個旅行者說，「夢中我到了一個從未去過的地方，享受了有生以來我一直孜孜以求而從未得到的難得的平靜與和諧。在那個樂園裡面，一個長著長長鬍鬚的智者對我說：『你是我選擇的人，你從不追求快樂，總是否定一切，為了證明我對你的支持，我想讓你去品嘗這塊麵包。』」

「真奇怪，」第二個旅行者說，「在我的夢裡，我看到了自己神聖的過去和光輝的未來。當我凝視這即將到來的美好時，一個智者出現在我面前，說：『你比你的朋友更需要食物，因為你要領導許多人，需要力量和能量。』」

然後，第三個旅行者說：「在我的夢裡，我什麼都沒有看見，哪兒也沒有去，也沒有看見智者。但是，在夜晚的某個時候，我突然醒來，吃掉了這塊麵包。」

其他兩位聽後非常憤怒：「為什麼你在做出這項自私的決定時不叫醒我們呢？」

「我怎麼能做到？你們倆都走得那麼遠，找到了大師，又發現了如此神聖的東西。昨天我們還在討論採取行動的重要性呢。只是對我來說，老天的行動太快了，在我餓得要死時及時叫醒了我！」

有人說過這樣一句話：「勇於嘗試，在某件事上栽跟頭可能是預料之中的事；但是，從來沒有聽說過，任何坐著不動的人會被絆倒。」誠然，敢想敢做的人，必然會經歷一些挫折，但是那些沒有勇氣去將自己所想的付諸行動的人，是永遠都體會不到打拚過程中的樂趣。要知道，受到一定程度的挫折也是自己的一筆寶貴財富。因此，要想取得成功，那就需要把自己的所想付諸於行動。

生活中，每一個成功者都有這樣三個共同的特點：敢想，敢做，能做。敢想並不是指天馬行空地亂想，而是要根據現實的情況，給自己定下一個明確的目標；敢做也不是指違法亂紀，不擇手段，而是指一種堅持、執著的態度，不達目的不甘休的韌勁；而能做則是指只要願意，就努力地前進。

堅持去做，直到成功那一刻

很多年輕人在奮鬥的時候都急於求成，想在很短的時間內就獲得成功。但是事實上，任何人的成功都是一點一滴慢慢積累而成的，需要腳踏實地的努力和奮鬥。

有一本名叫《異類》的書告訴我們：每個了不起的大師都是經過差不多一萬個小時的練習才最終成功的。莫札特大約練習了一萬個小時才成為傑出的音樂家，比爾·蓋茨大約練習了一萬個小時程式設計才取得成功。所以，千萬不要浮躁，沒有一個人的成功是僥倖得來的。

有一位工人住在拖車房屋裡，週薪只有六十元。他的妻子上夜班，但他們賺到的錢也只能勉強糊口。他們的孩子耳朵發炎，卻沒錢治病。

這位工人希望成為作家，業餘時間不停地寫作，打字機的聲音不絕於耳。

他的餘錢全部用來付郵費，寄原稿給出版商和經紀人。但是他的作品屢被退回。退稿信很簡短，他甚至不敢確定出版商和經紀人究竟有沒有真的看過他的作品。

一天，他讀到一部小說，令他記起了自己的某本作品，於是他把作品的原稿寄給那部小說的出版商，他們把原稿交給了皮爾·湯姆森。

幾個星期後，他收到湯姆森的一封熱誠親切的回信，說原稿的瑕疵太多。不過湯姆森相信他有成為作家的希望，並鼓勵他再試試看。

在此後的十八個月裡，他又給編輯寄去兩份原稿，但都被退回來了。迫於生活壓力，他開始放棄希望。

一天夜裡，他把原稿扔進垃圾桶。第二天，他妻子把它撿回來。「你不應該半途而廢，」她告訴他，「特別是在你快要成功的時候。」

在他自己都不相信自己的時候，他的妻子選擇相信他，因此他開始試寫第四部小說。寫完後，他把小說寄給湯姆森，他以為這次又會失敗，可是他錯了。

湯姆森的出版公司預付了兩千五百美元給他，於是經典恐怖小說《嘉莉》誕生了。這本小說後來狂銷五百萬冊，並拍成電影，成為一九七六年最賣座的電影之一。

這個人就是史蒂芬・金。

「鍥而不捨，金石可鏤；鍥而捨之，朽木不折。」這句名言告訴我們成功的關鍵在於要有恒心、目標專一、持之以恆，切忌半途而廢！真正想成大事的人，一定要明白這個道理。

伏爾泰曾經說過：「要在這個世界獲得成功，就必須堅持到底。」任何人成功之前，都會遇到許多的失意，甚至是很多次的失敗。如果你這時放棄了，你就放棄了成功的機會。自古以來，那些所謂的成功人士，並不比其他人更有運氣，只是比其他人更有堅持到最後的勇氣罷了。

生命就是一次行動的過程

生活中，我們常常可以聽到人們這樣或那樣的抱怨和感歎：如果可以，我希望回到童年那無憂無慮的時光；如果可以，我一定好好學習所有的東西，打造一個完美的自己；如果可以，我一定珍惜曾擁有的一切，不致失去後才知道它的美好；如果可以，我一定會選擇一個新的起跑點，開始一段新的人生；如果可以……

生命不會再來，人生沒有如果。我們需要承認這樣一個事實：人生根本沒有如果，也沒有假如，有的只是結果。我們都知道西楚霸王項羽，他似乎在一夕之間就面臨四面楚歌、國破家亡、自刎烏江，命運好像和他開了個玩笑。假如他能夠回到從前，那麼在鴻門宴上肯定不會再對劉邦心軟……可是，「花有重開日，人無再少年」，這些都是不可能再重來的。

哥倫布在求學期間曾經讀到過一本畢達哥拉斯的著作，在這本書中，畢達哥拉斯說：「地球是圓的。」哥倫布深深地記住了這句話。

經過很長時間的思考之後，哥倫布覺得地球如果是圓的，那麼他通過向西航行也可以到達印度。很多有「常識」的哲學家和大學教授都嘲笑他的幼稚想法，他們告訴他：「地球不是圓的，是平的」。進而警告他說，如果他一直向西航行，他的船隻將行駛到地球邊緣而掉下去。

然而，哥倫布卻對大學教授和哲學家們的警告不以為然，依然非常自信。可惜的是，他家境貧困，沒有錢去實現自己這個冒險的想法。他不得不到其他人那裡尋求經濟支持，但他一連等了十七年都沒有人願意幫助他。他決定不再等下去，於是起程去見西班牙王后伊莎貝拉，沿途窮得竟以乞討為生。

王后讚賞他的理想，並答應賜給他船隻，讓他去從事這項冒險的事業。但是，水手們都怕死，沒人願意跟隨他去，於是哥倫布鼓起勇氣跑到海濱，拉住了幾位水手，先向他們哀求，接著是勸告，最後又用恫嚇手段逼迫他們跟隨自己出海。然後他又請求王后釋放了獄中的死囚，允許他們在冒險成功後，可以恢復自由。

一四九二年八月，當把一切都準備妥當後，哥倫布率領三艘帆船，開始了一次劃時代的航行。

不料出師不利，剛航行幾天，他們的船隊之中就有兩艘漏了，接著船隊又在幾百平方公里的海藻中陷入了進退兩難的險境。沒有辦法，哥倫布親自下水撥開海藻，船隊才得以繼續航行。他們在浩瀚無垠的大西洋中航行了六七十天，也不見大陸的蹤影，水手們都絕望了，他們要求返航，否則就要把哥倫布殺死。哥倫布兼用鼓勵和高壓的手段，才算說服了船員。在繼續前進的過程中，哥倫布忽然看見有一群飛鳥向西南方向飛去，他立即命令船隊改變航向，緊跟這群飛鳥。因為他知道海鳥總是飛向有食物和適於牠們生活的地方，所以他預料到附近可能有陸地。幾天之後，哥倫布果然發現了美洲新大陸。

如果哥倫布一直等待下去，很可能一生都不會出發。毅然上路的哥倫布最終成了英雄，從美洲帶回了大量黃金珠寶，並得到了國王的獎賞，以新大陸的發現者名垂千古，這一切都是行動的結果。

每個人或許都有一個去遠行的夢想，而「行動證明一切」，任何想法和觀點，無論有多麼完美，若經不起實踐的檢驗，都只是空談。

《不帶錢去旅行》的作者是麥克・英泰爾。在三十七歲那一年，他放棄收入頗豐的記者工作，做出了以搭便車的方式走遍美國的瘋狂決定。他將身上的三美元捐給一個流浪漢之後，帶上隨身的衣服，便隻身從加州出發了。

這一切都源於某個午後，他問了自己一個問題：「如果有人通知我，今天就要死了，我會不會後悔？」進而，他精神崩潰，並且哭了起來。終於，他肯定地給了自己答案：「會！」他發現，面對一直以來一帆風順的日子，他的生活從來沒有半點激情，這讓他連一場小小的賭注都玩不起。

他檢討自己的過去，很誠實地為自己的恐懼開出一張清單：從小時候他就怕保姆、怕郵差、怕鳥、怕貓、怕蛇、怕蝙蝠、怕黑暗、怕城市、怕荒野、怕熱鬧又怕孤獨、怕失敗又怕成功、怕精神崩潰……他無所不怕，卻似乎「英勇」地當了記者。

繼續回想這三十多年的時光，他又發現，他根本沒有自信，因此，即使有機會做自己想做的事，也總是因為「害怕」兩個字而一再退縮。他不斷地回想、反省，懊惱地對自己說：「什麼都怕，活著能幹什麼？什麼都聽別人的，活著有什麼意義？」當他強烈質疑著自己的存在價值時，他下定決心：「我一定要突破這一切！」

於是他大膽做出了決定，開始旅行，終點是美國北卡羅萊納州的恐怖角。他想要借此來征服生命中的一切恐懼！

一個對自己沒信心的人要獨自前往傳說中的恐怖角，確實需要很大的決心。

親友們並不鼓勵他這樣做，甚至冷嘲熱諷地說道：「你確定自己行嗎？這一路你恐怕會遇到各種麻煩，你一定很快就會退縮。」

「不會的！我一定會走到最後！」他對親友們堅定地說，其實他也是在向自己保證。

憑著信心和一份堅強的毅力，從來沒有獨立完成過一件事的麥克・英泰爾，真的成功了。

沒有接受過任何金錢的饋贈，在雷雨交加中睡在潮濕的睡袋裡；也曾有幾個像公路分屍案殺手或搶匪的傢伙使他心驚膽戰；在遊民之家靠打工換取住宿；還碰到過患有精神疾病的好心人。他依靠了八十二位陌生人，完成了四千多英里的路程，終於抵達了目的地。

一毛錢也沒有花的英泰爾，在成功抵達目的地時，立即對著那些等待他的人們說：「我不是要證明金錢無用，這項挑戰最重要的意義是，我終於克服了心理的恐懼！」麥克・英泰爾望著恐怖角的路標說：「其實恐怖角就猶如我內心的恐懼，沒有什麼值得害怕的。現在我才明白這個道理，才發覺過去的我對自己是多麼沒信心。也許我們會發現，努力了半天到達的目的地，只是一個『失誤』。但只要那是我們自己願意走的路，就不算白走。怕什麼，去經歷再說。我對自己說：『這總比叫我在路上搭便車容易吧！』」

麥克・英泰爾所要的不是目的，而是過程。雖然苦、雖然絕不會想要再來一次，但在回憶中這卻是甜美的信心之旅。

「行動養成習慣，習慣形成品質，品質決定命運」。行動起來，不要等待。行動會增強自信，不行動只會產生恐懼。一個人在行動之前不可能解決所有的問題，成功者都是抱著必勝的目標開始行動，想方設法解決遇到的所有困難。一次行動勝過百遍胡思亂想，說一尺不如行一寸，行動比想法更重要。

生命就是一次行動的過程。在這個過程中，我們留下了許許多多的腳印，那些不管規則的還是不規則的腳印，都在默默驗證著我們的行動姿態。你用什麼樣的姿態去做事情就會有什麼樣的收穫，這就是行動的效果。在夢想的後方，我們努力追趕，一次次失敗或者勝利，都是行動給予的。

[第十章]

將來的你，
一定會感謝現在
不糾結的自己

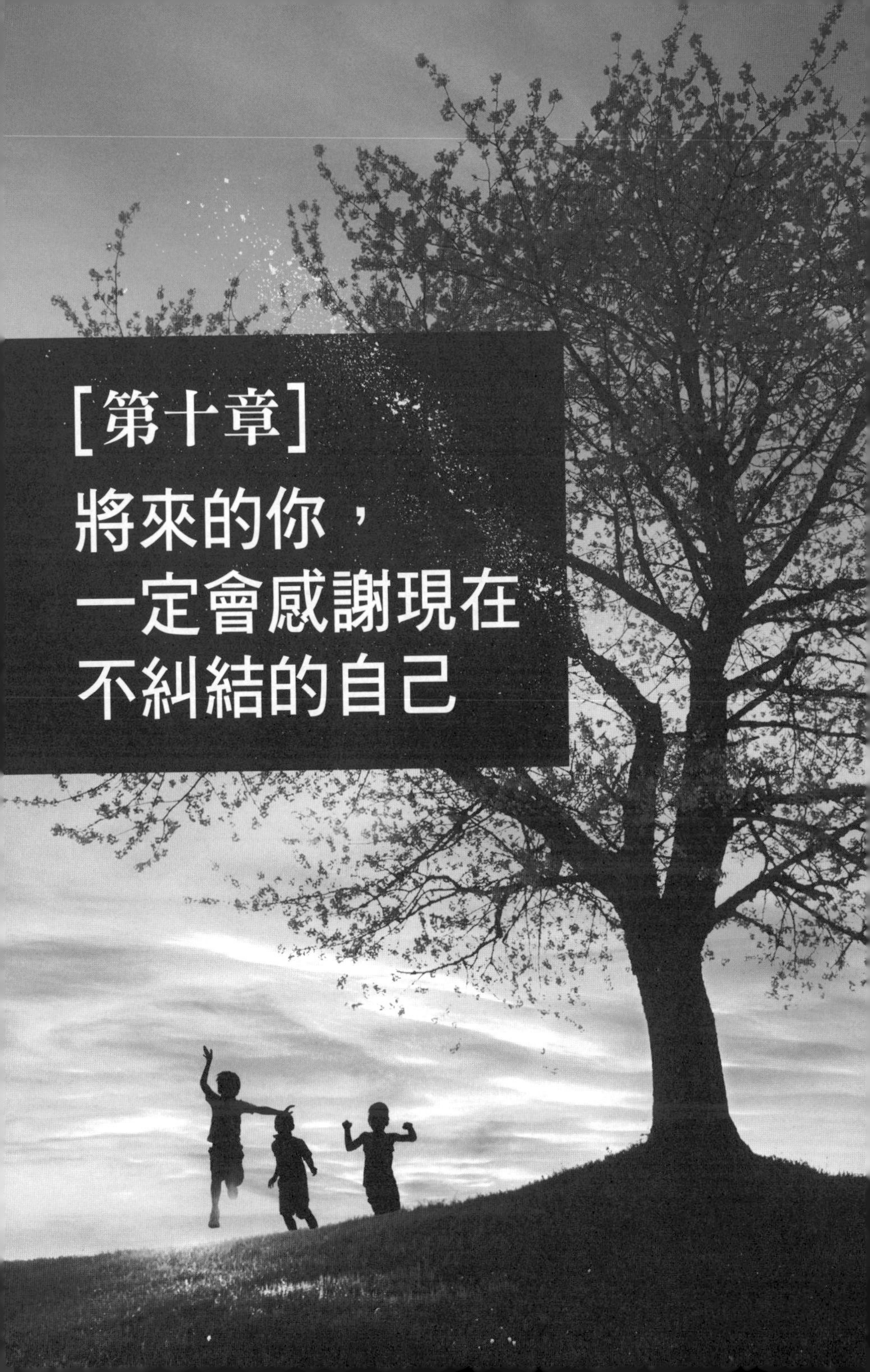

別和自己較勁，學會對自己說「沒關係」

在生活中，「沒關係」這句話似乎一直都是我們在對別人說，或者是聽到別人在對我們說，這一句簡單的「沒關係」在很多情況下，是一種包容美德與禮讓氣度。人們在日常生活中，習慣於對別人說「沒關係」，習慣於忍讓他人的過失與失禮，習慣於將包容與禮讓盡可能地給予他人。但是，今天要講的是，多對自己說一句「沒關係」，因為這一句簡單的「沒關係」還包含了另外一層極為重要的含義：就是包容自己的失敗與錯誤，在人生的失意中，多給自己一份鼓勵，多給自己一個機會，去贏得最後的成功。

愛因斯坦的《三個小板凳》的故事大家都不陌生吧？在一次手工課上，同學們的作業都完成得相當出色，唯有愛因斯坦的作業是一隻粗笨、醜陋的小板凳。當時，同學們哄堂大笑，老師也向他投來鄙夷的目光。而愛因斯坦這時又從書包裡拿出了兩個一模一樣的小板凳，對老師說：「老師，我一共做了三個小板凳，我交給您的這個是其中最好的一個了。」當時聽到愛因斯坦的話，老師覺得有點詫異，同學們仍然還在嘲笑愛因斯坦的愚笨。而此時，愛因斯坦說：「老師，沒關係，我這次做的不能讓您滿意，我下一次一定會做得比這個更好。」

愛因斯坦這一句「沒關係」看似是說給老師聽的，但這一句簡單的「沒關係」在愛因斯坦的內心卻是說給自己聽的，他沒有因別人的否認與嘲笑而自愧、氣餒，反而以自信的心態肯定了自己。愛因斯坦的這種自我完善與自我肯定精神，對其以後的成功產生了重要影響。

學會對自己說「沒關係」，就要學會善待自己，在生活的困苦、艱辛中多給自己一點鼓勵、多給自己一點安慰、多給自己一些愛。有一句話說得好：「再苦再累，也不要忘記愛自己。」人生也許給我們無數艱辛與坎坷，如果我們還要為此為難自己，那麼，要如何去創造快樂的人生呢？

當命運在人生際遇中給予你失敗、挫折、否認時，你一定要記住對自己說一句「沒關係，我可以……」那麼，你給自己贏得的將是無限的成功！

平庸並不可怕，可怕的是你在苟且地活

生活裡有意義的事情有很多，而人的時間卻十分有限，所以不要在那些註定會讓自己後悔的事情上浪費時間。時光不會倒流，人生的道路也不允許你重走一遍，別讓自己的生命在不斷的悔恨中失去應有的光彩。

譚盾是音樂界的大師級人物，可是他剛到美國時，卻不得不到街頭拉小提琴賣藝來賺錢。而在街頭拉琴賣藝，其實跟擺地攤並沒有什麼兩樣，都必須爭個好地盤才會有人聽、才能賺錢；而地段差，生意就差了！

很幸運地，譚盾和一位黑人琴手，一起爭到一個最能賺錢的好地盤——一家商業銀行的門口，因為那裡的人流量很大！

過了好一段時日，譚盾賺到了一些錢之後，就和黑人琴手道別了，因為他

的目標不是在街頭賣藝，而是在音樂學府裡拜師學藝，和琴技高超的同學們互相切磋。後來，譚盾真的進入音樂學院，將全部時間和精力都投注在提升音樂素養和琴藝之中……

在大學裡，雖然譚盾不像在街頭拉琴一樣能賺到很多錢，但他的眼光已經超越了金錢，轉而投向那更遠大的目標和未來。

十年後，譚盾有一次路過那家商業銀行，發現昔日的黑人琴手，仍然在那「最賺錢的地盤」拉琴，而他的表情一如往昔，臉上露著得意、滿足與陶醉。

當黑人琴手看見譚盾突然出現時，很高興地停下拉琴的手，熱情地說道：「兄弟啊！好久沒見啦！你現在在哪裡拉琴啊？」

譚盾說了一個很有名的音樂廳的名字，黑人琴手一聽，反問道：「那家音樂廳的門前也是個好地盤、也能賺很多錢嗎？」

「還好啦，生意還不錯吧！」譚盾沒有明說，只淡淡地說著。

那個黑人琴手哪裡知道，十年後的譚盾，已經是一位國際知名的音樂家，他是經常應邀在那家著名的音樂廳登台獻藝，而不是站在門口拉琴賣藝！

在譚盾的心裡，自己應該有更大的舞台，所以他把自己送進了音樂廳；而在黑人琴師眼裡，賺到更多的錢、佔據最好賺錢的地盤就是自己的理想，所以他的舞台始終都是街頭。其實，每一個人都有自己的生活方式，每一個人都有自己的選擇，我們無法評判哪一種生活方式才是有意義的。我們想說的是，無論你想要哪種生活方式、哪種選擇，在你的心裡都應該有一個明確的願景。你要給自己找准前進的方向，要知道你到底想要過上什麼樣的生活，你才有成功的可能。如果你不知道自己的航標在哪裡，只知道遊戲人生、無聊地打發時間，那麼最後你就很有可能被生活所遊戲、所打發，這實在是人生最大的悲哀啊！

不苛責，善待別人就是善待自己

有人曾說過，這個世界上最吝嗇的就是那些不懂得微笑的人。但有人反駁，說生活如此之累，為了生計，為了事業，為了出人頭地疲憊奔波，時時還有這樣那樣不順心的事，日日過得如打仗一般，不哭已經是好的了，哪還有心思笑？

難道這就是我們在人世走一遭的真正目的嗎？疲憊著、痛苦著、無奈著，生活就像未成熟的沙棘果，澀得人痛苦難當。到底是什麼抹殺了內心對生活的那一抹憧憬？又是什麼剝奪了我們的快樂和幸福？其實，罪魁禍首就是我們計較的太多。

我們計較同樣的付出，別人得到的回報比自己多；我們計較同樣的東西，別人的就是比自己的好；我們計較命運總是把好機會給了別人……我們為一毛一分錢計較，為一句無心的話計較，為偶然的小挫折計較，為自己付出的到底能得到多少計較……就在這斤斤計較中，快樂越來越遠，幸福越來越遠，滿足越來越遠。

一八九八年冬天，威爾．羅起士繼承了一個牧場。

有一天，他養的一頭牛，為了偷吃玉米而衝破附近一戶農家的籬笆，最後被農夫殺死。依當地牧場的共同約定，農夫應該通知羅起士並說明原因，但是農夫沒這樣做。羅起士知道這件事後，非常生氣，於是帶著傭人一起去找農夫論理。此時，正值寒流來襲，他們走到一半，人與馬車全都掛滿了冰霜，兩人也幾乎要凍僵了。

好不容易抵達木屋，農夫卻不在家，農夫的妻子熱情地邀請他們進屋等待。羅起士進屋取暖時，看見婦人十分消瘦憔悴，而且桌椅後還躲著五個瘦得像猴子的孩子。

不久，農夫回來了，妻子告訴他：「他們可是頂著狂風嚴寒而來的。」

羅起士本想開口與農夫論理，忽然又打住了，只是伸出了手。

農夫完全不知道羅起士的來意，便開心地與他握手、擁抱，並熱情邀請他們共進晚餐。

這時，農夫滿臉歉意地說：「不好意思，委屈你們吃這些豆子，原本有牛肉可以吃的，但是忽然刮起了風，還沒準備好。」

孩子們聽見有牛肉可吃，高興得眼睛都發亮了。

吃飯時，傭人一直等著羅起士開口談正事，以便處理殺牛的事，但是，羅起士看起來似乎忘記了，只見他與這家人開心地有說有笑。

飯後，天氣仍然相當差，農夫一定要兩個人住下，等轉天再回去，於是羅起士與傭人在那裡過了一晚。

第二天早上，他們吃了一頓豐富的早餐後，就告辭回去了。

在寒流中走了這麼一趟，羅起士對此行的目的卻閉口不提，在回家的路上，傭人忍不住問他：「我以為，你準備去為那頭牛討個公道呢！」

羅起士微笑著說：「是啊，我本來是抱著這個念頭的，但是，後來我又盤算了一下，決定不再追究了。你知道嗎？我並沒有白白失去一頭牛啊！因為，我得到了一點人情味。畢竟，牛在任何時候都可以獲得，然而人情味，卻並不是很容易得到。」

故事中的羅起士，儘管失去了一頭牛，卻換得農夫一家人的笑容和款待以及難得遇見的人情味，這段經歷，更讓他懂得生命中哪些才是無價的。

爭論是世界上最大的空耗

為什麼有一些人總是喜歡爭論？因為他們要表現自己的優越，要表現自己比別人強，說白了這就是一種虛榮。一般來說，爭論的目的是想給自己爭面子，但是真能如此嗎？不，爭論是世界上最大的空耗，即使爭贏了，也不能給自己掙來面子，有時甚至還會導致對方的怨恨。

你能確定你的觀點和想法都是對的嗎？如果不能，就不要自不量力與人爭論不休。即便你確定自己是對的，也不要用爭論去讓別人接受你的觀點，這並不能讓別人口服心服，也不會給自己帶來收穫。

孔子說，己所不欲，勿施於人，所以當你的觀點與別人的想法發生衝突的時候，還是先想一想爭論是否有益於你的生活吧。

休斯欠女明星珍妮一百萬美元。十二個月後，珍妮合理合法地說：「我想要我合同上規定的錢。」休斯聲明他現在沒有現金，但有許多不動產。女明星的立場是不聽辯解只要錢，休斯繼續指明他現在現金周轉不靈，要她等一等，而珍妮一直堅持合同的合法性，雙方爭論不休，人們都說這樁事要到法庭上一辯是非了。

可最後，事情怎麼樣了呢？珍妮坐下來仔細考慮了之後，對休斯說：「我們是不同的人，有不同的奮鬥目標，讓我們看看我們能不能在互相信任的氣氛下一起分享利益、感覺和需要。」他們正是這樣做了，他們之間的糾紛得到了解決，最終滿足了雙方的需要：把合同改為每年付五萬，分二十年付清，合同金額不變，但時間變了。一方面，休斯解決了資金周轉困難；另一方面，珍妮的所得稅逐年分期繳納，並有所降低。有了二十年的年金收入，她就不必為每日的財務問題煩惱了。珍妮和休斯都是勝利者。

卡內基曾經說：「你贏不了爭論。要是輸了，當然你就輸了；如果贏了，還是輸了。」在爭論中，並不產生勝者，所有不願對敵的人在爭論中都只能充當失敗者，無論他（她）願意與否。因為，十之八九，爭論的結果都只會使雙方比以前更相信自己絕對正確，或者，即使你感到自己的錯誤，卻也決不會在對手面前俯首認輸。在這裡，心服與口服沒法達到應有的統一，人的固執性，將雙方越拉越遠，到爭論結束，雙方的立場已不再是開始時的並列，一場毫無意義的爭論造成了雙方可怕的對立。因此，天底下只有一種能在爭論中獲勝的方式，就是避免爭論。

與人做無謂的爭辯不能給自己帶來任何好處。因為即使你說的是正確的，也很難改變對方的思想，而且招人厭惡；當你保持沉默、避免和對方發生衝突時，對方反而能夠冷靜地傾聽你的意見，進而達到良好溝通的目的。

所以，一定要記住避免與人做無謂的爭論。因為這除了給你帶來更多消極的影響外，不會有任何積極意義。

樂於虧己，為你的生命積累一些厚度

做人是不能怕吃虧的，更不能損人不利己。做人的可貴之處，倒是樂於虧己，事實就是如此，自己主動吃點虧，往往能把棘手的事情做好，能把很難處理的問題順利解決。

佛羅里達州有一位農夫，買到了一塊非常差的土地，那片地壞得使他既不能種水果，也不能養豬，那裡能生長的只有白楊樹及響尾蛇。但是他沒有因此而沮喪，而是冥思苦想以圖改變目前的這種狀態，他要把那片地上所有的東西變作一種資產。

很快，他想到了一個好主意，他要利用那些響尾蛇，他的做法使每一個人都很吃驚，因為他開始做響尾蛇肉罐頭。他的生意做得非常大。他養的響尾蛇體內所取出來的毒液，運送到各大藥廠去做治蛇毒的血清；響尾蛇皮以很高的價錢賣出去做鞋子和皮包。

裝著響尾蛇肉的罐頭賣到全世界各地的顧客手裡，有很多人買了印有那個地方照片的明信片，在當地的郵局把它寄了出去。每年來參觀他的響尾蛇農場的遊客差不多有兩萬人。為了紀念這位先生，這個村子現在已改名為佛州響尾蛇村。

看了這則故事，誰能說這個農民是吃虧了呢？「福兮禍所倚，禍兮福所伏」。正是因為有了前面的「吃虧」，才有了後面的受益。能吃虧的人不會用種種負面的假設去證明自己的正確。「社會太不公正」，「我總是吃虧」，「我處處不如意」，他們很樂意承認自己的虧損，同時想辦法改變這一虧損。吃虧不是一種消極、頹廢，不是悲觀、懦弱，相反，它是一種執著追求的精神，一種為人處事的風格，更是一個人安身立命的永久鞭策。這樣的吃虧就是福啊。

再好的緣份也經不起等待

作者：馬一帥
發行人：陳曉林
出版所：風雲時代出版股份有限公司
地址：10576台北市民生東路五段178號7樓之3
電話：(02) 2756-0949
傳真：(02) 2765-3799
執行主編：劉宇青
美術設計：許惠芳
行銷企劃：林安莉
業務總監：張瑋鳳

初版日期：2020年5月
版權授權：馬峰
ISBN ：978-986-352-821-0
風雲書網：http://www.eastbooks.com.tw
官方部落格：http://eastbooks.pixnet.net/blog
Facebook：http://www.facebook.com/h7560949
E-mail：h7560949@ms15.hinet.net
劃撥帳號：12043291
戶名：風雲時代出版股份有限公司

風雲發行所：33373桃園市龜山區公西村2鄰復興街304巷96號
電話：(03) 318-1378
傳真：(03) 318-1378
法律顧問：永然法律事務所 李永然律師
北辰著作權事務所 蕭雄淋律師

行政院新聞局局版台業字第3595號 營利事業統一編號22759935

定價：280元

國家圖書館出版品預行編目資料

再好的緣份也經不起等待 ／馬一帥 著. -- 臺北市：
風雲時代，2020.04- 面；公分

ISBN 978-986-352-821-0（平裝）

1.自我實現 2.生活指導

177.2 109002529